上海智库报告文库
SHANGHAI ZHIKU BAOGAO WENKU

数智出版

国际前沿与上海实践探索

雷启立 等 著

上海人民出版社

编审委员会

序

　　智力资源是一个国家、一个民族最宝贵的资源。建设中国特色新型智库，是以习近平同志为核心的党中央立足新时代党和国家事业发展全局，着眼为改革发展聚智聚力，作出的一项重大战略决策。党的十八大以来，习近平总书记多次就中国特色新型智库建设发表重要讲话、作出重要指示，强调要从推动科学决策、民主决策，推进国家治理体系和治理能力现代化、增强国家软实力的战略高度，把中国特色新型智库建设作为一项重大而紧迫的任务切实抓好。

　　上海是哲学社会科学研究的学术重镇，也是国内决策咨询研究力量最强的地区之一，智库建设一直走在全国前列。多年来，上海各类智库主动对接中央和市委决策需求，主动服务国家战略和上海发展，积极开展研究，理论创新、资政建言、舆论引导、社会服务、公共外交等方面功能稳步提升。当前，上海正在深入学习贯彻习近平总书记考察上海重要讲话精神，努力在推进中国式现代化中充分发挥龙头带动和示范引领作用。在这一过程中，新型智库发挥着不可替代的重要作用。市委、市政府对此高度重视，将新型智库建设作为学习贯彻习近平文化思想、加快建设习近平文化思想最佳实践地的骨干性工程重点推进。全市新型智库勇挑重担、知责尽责，紧紧围绕党中央赋予上海的重大使命、交办给上海的重大任务，紧紧围绕全市发展大局，不断强化问题导向和实践导向，持续推出有分量、有价值、有思想的智库研究成果，涌现出一批具有中国特色、时代特征、上海特点的新型智库建设品牌。

"上海智库报告文库"作为上海推进哲学社会科学创新体系建设的"五大文库"之一，是市社科规划办集全市社科理论力量，全力打造的新型智库旗舰品牌。文库采取"管理部门＋智库机构＋出版社"跨界合作的创新模式，围绕全球治理、国家战略、上海发展中的重大理论和现实问题，面向全市遴选具有较强理论说服力、实践指导力和决策参考价值的智库研究成果集中出版，推出一批代表上海新型智库研究水平的精品力作。通过文库的出版，以期鼓励引导广大专家学者不断提升研究的视野广度、理论深度、现实效度，营造积极向上的学术生态，更好发挥新型智库在推动党的创新理论落地生根、服务党和政府重大战略决策、巩固壮大主流思想舆论、构建更有效力的国际传播体系等方面的引领作用。

党的二十届三中全会吹响了以进一步全面深化改革推进中国式现代化的时代号角，也为中国特色新型智库建设打开了广阔的发展空间。希望上海新型智库高举党的文化旗帜，始终胸怀"国之大者""城之要者"，综合运用专业学科优势，深入开展调查研究，科学回答中国之问、世界之问、人民之问、时代之问，以更为丰沛的理论滋养、更为深邃的专业洞察、更为澎湃的精神动力，为上海加快建成具有世界影响力的社会主义现代化国际大都市，贡献更多智慧和力量。

中共上海市委常委、宣传部部长　赵嘉鸣

2025 年 4 月

目　录

前　言

　　伴随着互联网的普及和移动互联网的发展，数字技术开始渗透到各行各业和人类社会的日常生活。进入 21 世纪，以大数据、区块链、云计算为代表的新技术快速发展，加速了世界范围内数字化转型的步伐。2022 年由 OpenAI 研发推出的 ChatGPT 带来了突破性的生成和理解能力，随之纷涌而来的技术迭代开启了全球政治、经济、文化和个人生活的 AI 化进程，无比类似于互联网对人类社会的重构。数智化不仅改变了信息获取和处理的方式，还深刻影响了社会经济文化结构和人类的生活方式。

　　交流互鉴是人类文明进步的阶梯，出版是中外文化交流的重要桥梁。近年来，在数智化浪潮的推动下，全球出版业正经历着前所未有的深刻变革。互联网基础上信息技术的加速迭代，犹如强劲的洪流，推动着出版业的深度数字化转型和智能化发展。这场变革不仅颠覆了传统的内容生产和传播方式，更深刻重构了全球出版产业链，推动出版业进入到一个全新的发展阶段。包括企鹅兰登和爱思唯尔在内的国际出版巨头已然敏锐洞察到数智技术对全球出版格局的深远影响，纷纷采取行动布局数字业务，构建智能化的出版平台，为全球化的知识生产、科学交流和文化传播打开了新的局面。

　　与此同时，伴随着科技的进步和文化的发展，尤其是移动互联网的普及，知识产权（Intellectual Property, IP）作为内容行业的核心资产，其重要性在全球范围内日益凸显并被广泛认知，并已成为一个国家核心竞争力的重要组成部分。发达国家传媒业率先认识到知识产权蕴含的巨大商机，并凭借完善的知识产权法律体系、严格的知识产权保护环境、专业化的知识产权运营队伍以及在国际合作交流中的显著优势，开启了全方位的 IP 商业化运营，已经形成了比较成熟的 IP 产业链。其中，美国传媒业围绕原创 IP 的全版权开发已经建立了高度成熟的特许经营模式，英国在优质图书内容资源的基础上跨媒介开发 IP 产业链，日本则通过 AGC 模式，在动画、游戏和漫画之间构建了全媒体的文化产业价值链。

党和政府历来重视文化建设。中国特色社会主义进入新时代以来，以习近平同志为核心的党中央把繁荣文化提到前所未有的高度，迈出全面建设文化强国的新步伐。党的十九届五中全会明确提出到 2035 年要建成文化强国，二十届三中全会明确提出"聚焦建设社会主义文化强国"，并就如何实现这一目标作出了规划和部署。作为文化产业的重要组成部分，出版业高质量发展既是文化强国建设的基础和保障，也是实现中国式现代化的客观要求。21 世纪以来，在国家一系列政策的引导和支持下，我国出版业的数字化转型和知识产权开发已经取得了显著的成就。上海作为中国近现代新闻出版业的发祥地和全国出版重镇，也是国际经济文化科技交流的桥头堡，在近年来的数字化转型和融合出版发展中，始终秉持开放创新的姿态，展现出了强大的适应性和创新能力，既立足本土实际，也积极吸收国际先进经验，在国内外市场保持了领先的地位，为加快建成出版强国、推动文化强国建设作出了积极的贡献。在新的数智化浪潮之下，上海出版业需要在保持传统优势的基础上，继续做好"两个结合"，以创新驱动发展，全面拥抱新技术，积极布局推进数智化转型，讲好新时代的中国故事。

文明因交流而多彩，文明因互鉴而丰富。中华文明始终在兼收并蓄中历久弥新。伴随着技术的进步，不同国家和地区间的交流与合作不断加深，全球化是不可逆转的趋势。交流互鉴是增进国家和地区间了解合作、促进人类文明发展的有效途径。新时代中国出版业的高质量发展必将翻开人类文明进步的新篇章。

第一章
智能驱动与虚实交融：全球出版业深度数字化重构与创新

数字时代浪潮下，出版业正经历着由云计算、人工智能（AI）、大数据、区块链、物联网（IoT）及5G等技术驱动的全产业链变革，这一变革既降低了成本、提高了质量和效率，也带来了隐私侵犯、数据泄露、版权争议及技术取代人力的担忧等一系列挑战。面对这些挑战，上海出版业需平衡技术发展的利弊，积极借鉴国际经验，如区块链在版权管理的应用、AI在内容推荐的准确性提升，以及大数据在市场策略优化中的作用，以解决数字转型过程中的困境。通过加强新兴技术的研究和应用，深入探讨隐私、版权以及就业影响等问题，并结合国内实际情况，上海出版业可以探索出一条符合国情的发展道路，实现健康、持续、高质量的发展。

第一节　技术革命与数字出版新纪元

在当前技术革命浪潮中，数字出版业正经历着前所未有的转型与重构。这场变革的核心驱动力是一系列前沿技术的融合与应用，其中包括云计算、人工智能、大数据、区块链、物联网以及 5G 通信技术。这些技术的融合不仅加速了信息的流通和处理速度，而且极大地拓展了出版内容的创作、分发和消费的可能性，从而推动出版业的高质量发展。

在这一背景下，人工智能生产内容（AIGC）的理论和实践成为研究的热点。AIGC 利用机器学习和自然语言处理等 AI 技术，自动生成文本、图像、视频、音乐等多种形式的内容。AIGC 的发展历程可以概括为三个阶段：初始阶段，以 1957 年世界上第一个计算机生成的音乐作品 "Iliac Suite" 为代表；发展阶段，以世界上第一部完全由 AI 创作的小说 "The Road" 为标志；成熟阶段，以 Goodfellow 在 2010 年提出的通用对抗网络（GAN）和 OpenAI 在 2022 年发布的 ChatGPT 聊天机器人模型为里程碑。ChatGPT 的发布，不仅在技术上实现了对人类语言的深入理解和高效生成，而且在社会应用层面上也取得了巨大成功，其首月活跃用户超过 1 亿。[1] 随着 AIGC 产品的改进，智能技术迎来奇点时刻，以高速度升级迭代，显示出在各行各业巨大的应用价值，同样包括出版业。

---

[1] "ChatGPT Reaches 100 Million Users Two Months After Launch", see https://www.theguardian.com/technology/2023/feb/02/chatgpt-100-million-users-open-ai-fastest-growing-app, Feb.2, 2023.

表 1-1　AIGC 和主要技术公司

公　司	产　品	应用程序
OpenAI	ChatGPT	文本生成、聊天机器人
谷　歌	LaMDA	问答和聊天机器人
英伟达	StyleGAN	图像生成、艺术和设计
美国微软公司	Turing-NLG	摘要、翻译和回答问题
DeepMind	DVD-GAN	视频生成
Stability AI	Stable Diffusion	文本到图像
Eleuther AI	GPT-NeoERNIE	文本生成
百　度	ERNIE	问答和聊天机器人

　　增强现实（AR）技术则是将计算机生成的材料投射到用户对现实世界的感知上，创造出一种新的交互体验。AR 技术的核心在于其三个基本特征：现实世界与虚拟世界的结合、实时互动能力以及 3D 中对应真实物体的信息。保罗·米尔格拉姆（Paul Milgram）根据从现实到虚拟的变化程度提出了现实—虚拟连续体的理论，这一理论为我们理解 AR 技术提供了一个框架。AR 与虚拟现实（VR）虽然在技术上有所关联，但它们在应用上有着本质的区别：AR 技术侧重于增强现实世界的体验，而 VR 则致力于创造一个完全沉浸式的虚拟环境。

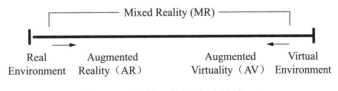

图 1-1　现实—虚拟连续性演示

　　虚拟现实（VR）技术代表了一种更为深入的人机交互方式，它要求用户通过多个感官通道与虚拟环境进行自然而直观的交互。根据已有研究，交互带给人的感受越自然真实，虚拟现实技术就越成熟。VR 技术已逐渐渗透到医学、教育、文化、娱乐、军事和科学等各个领域，吸引社会广泛关注，并在这些领域中展现出其独特的价值和潜力。

综上所述，技术革命为数字出版业带来了新的机遇和挑战。AIGC、AR 和 VR 等技术的发展，不仅推动了内容创作和分发方式的革新，也为出版业的未来发展开辟了新的道路。作为数字出版研究的学者，我们应当深入探讨这些技术如何重塑出版业的生态，以及它们对社会文化、经济发展的深远影响。

一、AIGC 技术在出版中的应用

在国际出版领域，AI 图书写作、智能翻译、智能校对、图像生成、音视频生成等相关应用不断涌现，并渗透到创作、编辑、传播等各个环节，深刻地改变了出版业的内容生产模式，成为推动出版业融合发展的重要力量。文生文、文生图、文生音视频、文生代码等多模态内容，都属 AIGC 范畴。

（一）文生文：AIGC 技术与文本内容创作

在 AIGC 进行文本内容创作的过程中，存在着结构化写作、创意写作，以及对话写作这几种不同的创作方式。具体而言，结构化写作是按照特定场景下所设定的结构化数据来生成相应的文本内容。通过结构化写作，能够高效且准确地生成符合特定场景规范的文本内容，新闻稿件就是这种写作方式常见的文本题材之一。创意写作则具有更高的开放性和灵活性，需要在创作过程中融入丰富的个性化元素以及独特的创造力。广告文案的创作通常就比较适合采用创意写作的方式。对话写作主要应用于通过文本形式与用户进行互动交流的服务型聊天机器人场景中。在这种应用情境下，聊天机器人需要根据用户输入的文本内容，运用对话写作的方式生成恰当、合适的回复文本，从而实现与用户之间的顺畅沟通和有效互动。

AIGC 生成文本的代表便是 ChatGPT。国外已有多家媒体使用 ChatGPT 布局新闻生产。2023 年情人节前夕，美国《纽约时报》利用 ChatGPT 创建带有提示组合的情人节消息生成器，并制作了互动新闻《A Valentine, From AI to You》。美国新闻聚合网站 BuzzFeed 公布将在性格测验部分使用 ChatGPT。英国《每日镜报》和《每日快报》出版商 Reach，特别成立工作组研究如何使用 ChatGPT 协助新闻生产。此外，路透社、美联社、《华盛顿邮报》、《泰晤士报》等多家国际知名媒体也开始使用 ChatGPT 等 AI 工具来制作新闻内容。

图 1-2　施普林格 AI 参与生成图书

除了辅助新闻编辑生产内容外，人工智能直接创作电子书对出版业具有颠覆性影响。据路透社报道，截至 2023 年 2 月中旬，亚马逊 Kindle 商店有 200 多本电子书将 ChatGPT 列为作者或合著者，包括《如何使用 ChatGPT 撰写和创建内容》《家庭作业的力量》和诗集《宇宙回声》。亚马逊上甚至有一个新的子类型：关于 ChatGPT 参与撰写与完全使用 ChatGPT 撰写的书籍。大众通过 ChatGPT 帮助创建 AIGC 电子书，并通过亚马逊的自助出版部门出版。[1] 全球性出版机构施普林格 2019 年出版了一本完全由 AI 生成的有关锂离子电池的图书《锂离子电池：计算机生成的当前研究摘要》，2021 年采用混合人机交互方式出版了另一 AI 生成的文献综述图书《气候、行星和进化科学：计算机生成的文献综述》（图 1-2）。此外，施普林格还拥有能够自动化生成图书摘要的 AI 平台 Auto Summarization。

（二）文生图：AIGC 技术与出版物图像资源生成

AIGC 不仅可以生产文本，在生成图像上也同样高效，能够依据使用者的需求进行设计。此外，AIGC 还能够根据 2D 图像创建出 3D 模型。

例如，Stable Diffusion 是一款高质量的文生图潜在扩散模型，是英国 Stability AI 旗下发布的第一个开源模型，累计日活用户超过 1000 万。相较于同是文本转图像模型的 Midjourney、DALL-E，Stable Diffusion 虽然诞生较晚，但胜在拥有良好的开源社区，故而收获了更多用户的使用。

---

[1]　"ChatGPT Launches Boom in AI-Written E-Books on Amazon", see https://money.usnews. com/investing/news/articles/2023-02-21/chatgpt-launches-boom-in-ai-written-e-books-on-amazon, Feb.21, 2023.

图 1-3　Stable Diffusion 生产的图片[1]

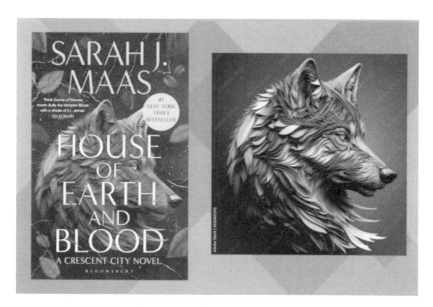

图 1-4　《地球与血之家》封面

　　Bloomsbury Publishing 是世界领先的独立出版社之一，如图 1-4
所示，其出版社出版的书籍英国版的《地球与血之家》(*House of*

---

[1]　参见 https://stability.ai/news/stable-diffusion-public-release.

Earth and Blood）封面是由 Adobe Stock 生成的 AI 图像。[1] 这一行为引发了图书设计师的担忧，担心出版商采用 Midjourney 和 Stable Diffusion 等 AI 图像生成器取代他们的设计。

（三）文生音频：AIGC 技术与音频内容的生产

AIGC 的音频生成技术主要有文本转语音和克隆语音两种形式。文本转语音主要应用于语音广播。现今，国际上文本转语音技术成熟，语音质量符合自然标准。克隆语音则是输入语音，根据给定的特定场景与要求输出语音，主要用于智能配音。

图 1-5　古腾堡计划开放式有声读物集[2]

例如，古腾堡计划与麻省理工学院和微软合作，利用人工智能制作了 5000 本开放授权的有声读物，音频总时长 3.5 万小时，包含了虚构和非虚构类作品，大大繁荣了有声书市场。项目以一种新的、易于访问的音频格式将数千本深受喜爱的书籍带入生活，甚至可以以用户的声音阅读书籍，仅需 5 秒的音频。自动化有声读物制作的进展为

---

[1] "Not Even NYT Bestsellers are Safe from AI Cover Art", see https://www.theverge.com/2023/5/15/23724102/sarah-j-maas-ai-generated-book-cover-bloomsbury-house-of-earth-and-blood, May.16, 2023.

[2] 参见 https://marhamilresearch4.blob.core.windows.net/gutenberg-public/Website/index.html。

文学界带来了更广阔的机遇，同时也改善了有视力障碍的人、语言学习者以及儿童等群体的阅读体验，显著提高了文学作品的易读性。[1]

（四）文生视频：AI 在视频内容生成中的应用

AI 还能够处理视频，用于生成预告片和宣传视频。其工作流程类似于图像生成，将视频以帧为级别进行处理，然后使用人工智能算法检测视频并进行剪辑。AIGC 生成引人入胜且高效的宣传视频的能力是通过不同人工智能算法的组合实现的。凭借其先进的能力和日益普及，AIGC 可能会继续彻底改变视频内容的创建方式。

图 1-6　Runway 公司 Gen-3 模型演示[2]

例如，成立于 2018 年的美国 Runway 公司，致力于构建多模态人工智能系统，通过文本或图像生成视频来降低视频制作门槛。2023年 2 月 6 日，Runway 推出了基于扩散模型的视频生成模型 Gen-1，并在 Discord 中开启内测。同年 3 月 20 日，Runway 发布了升级版

---

[1] "Microsoft AI Records 5000 Audiobooks for Project Gutenberg", see https://thenewstack. io/microsoft-ai-records-5000-audiobooks-for-project-gutenberg, Oct.15, 2023.

[2] 参见 https://www.youtube.com/watch?v=oYNzl4Hzi4M。

Gen-2，该模型已经能够将场景和色调简单的几何体变成酷炫的视频，同时支持仅使用文本提示合成任意风格的视频，并且支持文本＋图像生成视频。2024 年 6 月又发布了 Gen-3，该模型在视频保真度、一致性和运动性方面完成了重大改进。

此外，在图书发行环节，Rav.ai 能够提供包括图书预告片制作在内的一系列自动化视频编辑服务。对于出版社而言只要提供创意想法与需求，便可以通过 AI 转化为引人入胜的视觉图书宣传片，为书籍进行视觉叙事。[1]

二、增强现实（AR）技术在出版中的应用

在数字出版领域中，虚拟现实技术的应用已经成为推动内容创新和提升用户互动体验的关键驱动力。增强现实（AR）技术作为虚拟现实的一种形式，通过在用户的现实世界中叠加虚拟信息，为读者提供了一种全新的阅读体验。这种技术的应用不仅令内容变得更加生动有趣，而且还大大提高了内容的教育意义和参与度。以下将对 AR 技术在出版中的具体应用场景进行深入的探讨，并分析其对出版业未来发展的影响。

（一）AR 书籍：启迪儿童的想象力

AR 书籍的开发，尤其在儿童出版领域，展现了如何通过技术创新激发年轻读者的想象力和好奇心。Carlton Books 的 iExplore 系列就是一个杰出的例子。这些书籍通过 AR 技术，将掠食性动物、太空探索等主题以互动的形式呈现给读者，使得儿童在阅读的同时，能够

---

[1]　参见 https://rav.ai/book-trailer-maker。

通过手机或平板电脑观看动态内容和 3D 角色动画，从而获得更丰富的知识和更深入的学习体验。[1] 这种应用不仅增加了书籍的吸引力，而且也提升了其教育价值，为传统的图书阅读方式注入了新的活力。

（二）教育领域中的 AR 应用

在教育出版领域，AR 技术的应用正成为一种有效的学习工具。例如，*Tide Pools: An Augmented Reality Books* 一书（图 1-7）利用 AR 技术与应用程序的互动性，使读者能够更直观地了解海洋生态系统。这种技术的应用不仅提高了读者对内容的兴趣，而且还通过增强的视觉和听觉元素，加深了他们对科学知识的理解。通过这样的互动体验，AR 技术显著提升了教育内容的吸引力和有效性，展现了其在促进学习和教育创新方面的巨大潜力。

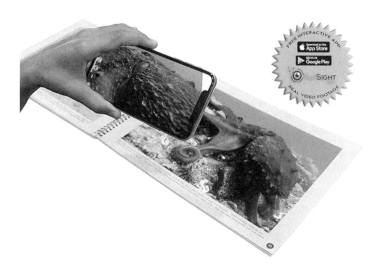

图 1-7　AR 书籍演示（*Tide Pools: An Augmented Reality Book*）[2]

---

[1]　"Augmented Reality for Publishers", see https://invisible.toys/augmented-reality-for-publishers.

[2]　参见 https://www.amazon.com/Tide-Pools-Augmented-Reality-Book/dp/173293780X。

（三）AR 在人体解剖学教育中的创新应用

应用程序 Humanoid 4D+，利用 AR 技术提供了一个直观的学习平台，让学生可以通过简单的操作探索人体的结构和功能，是相关技术在医学和人体解剖学教育中的创新应用（图 1-8）。通过这种互动的学习方式，学生们能够更加深入地理解人体解剖学的复杂内容，从而提高学习效率和兴趣。这一应用不仅展示了 AR 技术在教育领域的实用性，也预示了未来科学教育的发展方向。

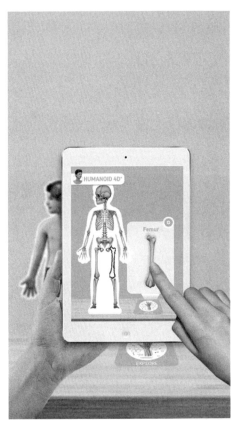

图 1-8　Humanoid 4D+ 演示[1]

---

[1]　参见 Google Play 应用商店中的相关介绍。

（四）创新的 AR 拼图和着色书

　　AR 工具不仅为学生提供了一种全新的学习方式，而且极大地拓宽了他们的知识视野和学习体验。其中，Popar 的智能拼图项目就是一个典型的例子。该项目通过 AR 技术，让学生能够以数字方式探索各种主题世界，从恐龙、海洋动物、野生动物园、人体解剖学、运动到我们的太阳系，这些系列 AR 拼图旨在增强年轻人的创造性感知、空间概念和听力理解。这种技术的引入不仅仅是为了提供新奇的学习体验，更是在于其能够以极其直观和互动的方式，促进学生对知识的吸收和理解。通过将物理拼图与数字内容相结合，学生们可以在玩乐中学习，这种学习方式既有效又富有吸引力。这表明了教育技术的未来方向，即通过创新性的数字工具来促进更为深入和个性化的学习体验。

图 1-9　Popar 太阳系智能拼图的 AR 演示 [1]

---

[1]　参见 https://www.youtube.com/watch?v=SX0x8ac-Svs&t=2s。

Quiver Education 的 AR 着色书也采用了这种前沿的教育理念。这些着色书页面由用户以其最喜欢的色调着色，当通过安装了 Quiver 应用程序的数字设备查看时，这些页面便变得栩栩如生。Quiver 的着色书强调教育意义，涵盖了几何、生物学和太阳系等各种主题。这种学习方式不仅让学生们能够以极其个性化的方式探索学科知识，同时也极大地激发了他们的创造力和想象力。这些创新的教育工具证明了技术与教育融合的巨大潜力。通过为学生提供更加生动和互动的学习体验，我们不仅能够提高他们的学习动机，还能够帮助他们更好地理解和掌握复杂的概念。随着技术的不断进步和教育理念的不断创新，我们期待在未来看到更多类似 Popar 和 Quiver 这样的项目，它们将继续为全球的学生提供更加丰富和高效的学习资源。

图 1-10　Quiver Education 的 AR 着色书演示[1]

---

[1]　参见 https://www.youtube.com/watch?v=xirCqQFr6K8。

三、虚拟现实（VR）技术在出版中的应用

　　虚拟现实（VR）技术作为一种新兴的技术手段，正在逐渐渗透到出版行业的各个方面，为读者提供了一种全新的沉浸式阅读和学习体验。德勤在其《数字消费者趋势》报告中提到，尽管2022年拥有或有机会使用VR设备的全球用户比例相对较低，美国为12%，意大利与英国均为8%，但VR技术在出版、博物馆和图书馆中的应用趋势显著。这说明尽管VR技术在普及率上还面临挑战，但其在教育和文化传播领域的潜力正在逐步被认可和挖掘。

　　VR技术通过提供高度互动和参与感的体验，不仅增强了观众的参与度，还为临时展览创造了持久的记录。这种技术使得观众能够以全新的视角来体验艺术和文化，从而在教育和文化传播方面发挥了重要作用。美国华特迪士尼家庭博物馆官网提供的虚拟现实体验，就是一个典型的例子。该虚拟导览最初于2019年试运行，旨在为因地理或经济限制而无法亲临现场的学生提供更加个性化的体验。这种创新的尝试不仅为学生提供了教育机会，也展示了VR技术在教育领域的应用潜力。[1]

　　此外，卢浮宫在数字化和VR应用方面的尝试也极具启示性。作为世界四大博物馆之首，卢浮宫的数字化程度高达75%，这一数字在全球博物馆中属于先进水平。它所举办的"达·芬奇艺术生涯回顾展"中的VR体验项目"蒙娜丽莎：越界视野"，更是将观众通过VR眼镜带入了3D版《蒙娜丽莎》的细节之中，让人们能

---

［1］ "Virtual Tour and Museum Highlights"，see https://www.waltdisney.org/virtual-tour.

够近距离感受达·芬奇的晕涂法技术。这样的应用不仅让观众得到了前所未有的艺术体验，也为艺术作品的展示和教育提供了新的可能性。[1]

图1-11　虚拟现实版蒙娜丽莎[2]

VR技术的应用在出版及文化传播领域正处于积极的探索阶段，尽管当前普及率和用户接受度面临一定挑战，但其在教育质量提升和文化传播效率增强方面展现出的巨大潜力正逐步得到业界的广泛认可。随着技术发展的不断加速和应用场景的持续拓宽，VR技术预期将在文化教育领域发挥日益关键的作用，进而推动传统出版业向更加互动、沉浸式的学习体验转型。未来，VR技术的深度融合与创新应用，有望为出版内容的呈现方式带来根本性变革，提供更加丰富多彩的学习与体验方式，开辟出版传播新路径。

---

［1］　中国文化报：《"全面数字化"解锁艺术的共享时代》，载央视网，2021年4月17日。

［2］　参见 https://www.louvre.fr/zh-hans/zixunkuaibao/life-at-the-museum/zubuchuhuxinshangxunixianshiban-mengnalisha。

第二节　应用趋势分析：技术在出版业的全方位变革

快速发展的信息时代，使出版业站在新的历史交汇点上。技术的飞速进步不仅为出版业带来了前所未有的机遇，也带来了一系列挑战。通过对大型出版机构在技术应用方面的主导地位，以及学术和教育类出版商如何积极拥抱新技术，引领行业创新等三个维度的分析，我们可以更全面地理解技术对出版业未来发展的深远影响。

一、技术变革出版业全产业链条

新一代信息技术变革正深刻影响着全球出版业的全产业链条，尤其是人工智能技术的快速发展，已成为推动未来出版业变革的重要驱动力之一。近年来，随着技术的不断进步，出版行业的各个环节都在逐步引入人工智能，以提高效率和创新能力。数据显示，"AI写作"的搜索量在过去五年内增长了4700%。[1]尽管当前人工智能尚未完全具备创作引人入胜的文学作品的能力，但它已经展现出在内容创作辅助和提升读者参与度方面的巨大潜力。正如南加州大学安纳伯格传播学院的相关报告所指出的那样："人工智能还没准备好写畅销书，但它是一个可以改善故事和提高受众参与度的强大工具。"[2]

---

[1] Josh Howarth, "11 Top Publishing Trends(2024)", https://explodingtopics.com/blog/publishing-trends, Jun.3, 2024.

[2] "Storytelling in the Age of Artificial Intelligence", https://annenberg.usc.edu/research/center-public-relations/usc-annenberg-relevance-report/storytelling-age-artificial, Feb.18, 2020.

　　除了辅助写作，各国出版商还广泛利用人工智能在其他关键环节中发挥作用，如内容分类、收购策略优化、抄袭检测以及图书营销等。在选题策划阶段，人工智能可以通过分析市场数据和读者偏好，帮助出版商更精准地确定潜在的畅销主题。在编校加工环节，AI技术能够大幅提高编辑和校对的效率，减少人工错误，并确保内容的准确性。在精准营销方面，人工智能通过数据分析和算法推荐，可以帮助出版商更有效地定位目标读者群体，并根据个性化需求推送相关内容，提升营销效果。此外，人工智能在版权保护中也起到重要作用，能够更及时地检测和防止抄袭行为，维护作者和出版商的权益。

　　技术变革不仅体现在现有出版流程的优化上，还推动出版物形态的多样化开发，促进出版业的创新融合。随着出版物从传统的纸质形式向数字化、多媒体化方向演进，人工智能在多样化内容创作中的应用日益广泛，包括自动生成图像、视频和互动内容等，为读者提供了更丰富的阅读体验。这种技术驱动的变革不仅为传统出版业带来前所未有的挑战，要求出版商和作者迅速适应技术进步带来的新环境，还开启了新的创作和分发渠道，促使出版业在未来更加依赖于技术创新，以满足市场和读者不断变化的需求。

二、技术应用以大型机构为主导

　　在分析当前国际出版业的技术应用格局时，我们可以看到大型出版企业和集团，如爱思唯尔（Elsevier）、施普林格（Springer）和培生（Pearson）等，正发挥着引领行业创新的关键作用。这些企业不仅拥有雄厚的资本和广泛的资源网络，还能够承担起高昂的研发和运营成本，从而在技术创新方面保持领先地位。与此同时，小型出版企业由于受限于规模和资金，往往难以在技术革新上投入相同级别的资源，因此它们更多地依赖于现有的技术解决方案来辅助出版工作，而非引领技术发展。以美国出版业为例，21世纪初，美国出版业由"六巨头"主导，分别是阿歇特（Hachette）、麦克米伦（Macmillan）、企鹅（Penguin）、哈珀·柯林斯（Harper Collins）、兰登书屋（Random House）、西蒙与舒斯特（Simon & Schuster）。2013年，兰登书屋和企鹅合并为企鹅兰登书屋（Penguin Random House），5家出版商垄断了美国80%的图书销售额。大型出版机构不只在图书销售额上成绩出彩，在技术应用上同样遥遥领先。企鹅兰登积极探索通过聊天机器人、虚拟现实技术来链接更多读者，通过智能技术收集读者数据，生成反馈回路。2023年8月，爱思唯尔发布Scopus AI专业测试版，并已于2024年推出完整产品，帮助科研人员快速获取准确科研洞见。这些举措预示着大型出版商在未来将继续引领出版业的技术革新，而对于小型出版企业而言，寻找合适的技术合作伙伴和平台，以及利用开源技术和云服务，可能是缩小与大型企业技术应用差距的有效途径。这样的趋势也可能促使整个行业朝着更开放、协作的方向发展，以共同应对技术快速变化带来的挑战和机遇。

三、学术、教育类出版商积极拥抱新技术

作为数字化程度最高的出版领域，学术和教育类出版商正站在技术创新的前沿，他们通过积极整合新兴技术，不断提升教育内容的质量和学习体验。这一点在培生集团的战略布局中尤为明显。培生集

团正在其他大语言模型之上创建自己的大语言模型，在 2023 年 7 月针对线上学习及评估平台 Pearson+ 和 Mastering，使用 ChatGPT 推出生成式 AI 的新工具，在秋季学期投入使用，为学生快速高效学习提供实时支持[1]；牛津大学出版社（Oxford University Press）也在积极推进产品和服务的数字化转型及 AI 的应用，该社与教育技术 AI 平台 Century 共同开发了适应性学习产品 Bond Online Premium 和 Bond Online Premium Plus；施普林格·自然（Springer Nature）以 AI 驱动学术出版创新，在辅助论文写作、助力同行评审、打击学术造假等多方面提升内容生产效率，优化学术出版流程。这些案例显示了学术和教育出版商在技术应用上的先行者角色，突出了他们在推动出版业技术创新与数字化转型方面的关键作用。伴随着技术的迭代和应用场景的丰富，技术将在提升教育质量、促进知识传播，以及优化学术研究流程方面发挥日益重要的作用。因此，学术和教育出版商的这些创新尝试不仅对提升自身竞争力至关重要，也为整个出版行业的未来发展趋势提供了有力的指引。

第三节　新一代数字网络技术的应用困境与挑战

生成式人工智能（AIGC）等技术不仅极大地拓展了内容创作的

---

[1]　赵依雪、王庆：《数字技术赋能推动出版高质量发展》，《国际出版周报》2024 年 10 月 9 日。

边界，也为用户提供了更加丰富和个性化的阅读体验。然而，随着这些技术的快速发展和广泛应用，出版业也面临着一系列前所未有的挑战和困境。从知识产权保护的难题到数据安全与用户隐私的威胁，再到伦理与社会责任的挑战，这些问题不仅考验着出版行业的适应能力，也对相关法律法规和社会伦理提出了新的要求。

一、知识产权保护挑战

AIGC 已能成熟地进行作品的创作，但从著作权法角度看，多位学者坚持 AIGC 绝大多数属于重组式创新，在目前仍然不具备真正的创造力。故而，正如胡晓萌所言，AIGC 引发的新型版权侵权风险，已然成为整个行业发展面临的急迫问题。[1] 版权问题主要出现在出版特有的价值链环节中，尤其是作品内容获取环节，导致符合出版要求的生成作品无法真正运用于出版并产生价值。一方面，AIGC 作品是否拥有版权、版权归属问题仍存在争议。目前，关于 AIGC 作品的版权归属，无论是判定归属于机器自身、程序研发人员、研发企业、向人工智能下达指令者，抑或是认为其不归属于上述任何一方，在当下均不存在统一标准，也未能形成广泛认可的解决办法。另一方面，AIGC 数据库的语料也可能存在侵权问题。在 AIGC 工具开发过程里，机器学习技术通常依赖海量语料来开展训练工作。可现实情况是，众多开发商很难做到都去购买基础语料版权，也难以保证完全采用公版或无版权内容。

---

[1]　胡晓萌：《AIGC 技术和产业生态迎来发展快车道》，《数字经济》2023 年第 3 期。

随着 AI 技术呈迅猛之势发展，为切实维护创作者权益，世界各国纷纷着手制定相关监管举措。2023 年 3 月，美国版权局（USCO）在其发布的美国法规第 202 条例中明确指出，由 AI 自动生成的作品无法受到版权法的保护。紧接着在同年 4 月，美国新闻与媒体联盟（The News/Media Alliance, NMA）代表近 2000 家涵盖印刷与数字领域的媒体出版商正式对外发布了生成式 AI 监管原则。这一原则涵盖知识产权、透明度、问责制、公平性、安全性以及设计这六大板块，并且广泛适用于文本、视频、图片、音频等各类格式的 AI 生成内容。值得一提的是，这还是美国首部由权威机构正式发布的生成式 AI 监管准则，在美国 AI 监管进程中具有标志性意义。英国政府出台了《支持创新的人工智能监管办法》（*A Pro-Innovation Approach to AI Regulation*）。该办法意在促成社会各界达成共识，提升公众对前沿技术的信任度，助力企业更高效地开展创新活动、实现稳健发展，进而创造更多的就业岗位。2023 年 3 月，意大利数据保护局（Garante）采取行动，以 ChatGPT 的开发公司 OpenAI 涉嫌违反数据收集规则为依据，对其展开调查，同时宣布暂时禁止在意大利使用 ChatGPT，还对 OpenAI 处理意大利用户数据的行为加以限制。2023 年 4 月，法国国家信息自由委员会（CNIL）也有所动作，针对 ChatGPT 提出了 5 项指控，并启动调查程序。2023 年 6 月，欧洲议会成功表决通过《人工智能法案》（*AI Act*）的草案。该草案一旦正式生效，在极为严重的违规情形下，相关公司将面临巨额处罚，罚款金额可能高达 3000 万欧元以上，或者是其全球年收入的 6%。[1]

---

[1] 赵依雪：《AI 时代，如何保护创作者权益？》，《国际出版周报》2023 年 7 月 24 日。

AIGC 作品面临着双向的权利风险，一方面可能遭受他人侵权，另一方面自身也存在侵犯他人权利的潜在可能。AI 若想提升智能水平，深度学习是关键环节。而深度学习依赖于庞大的人类作品数据库，以此让算法掌握创作风格、内容题材等创作要点。在我国，倘若未获授权便复制他人享有著作权的在线内容，或者利用网络爬虫抓取相关内容，加之现行著作权法并未明确将数据挖掘等智能化分析行为纳入合理使用范畴，那么这类行为极有可能触犯著作权侵权的法律红线。[1]

二、数据安全与隐私挑战

在线数据隐私已然成为出版行业亟待攻克的关键难题之一。对敏感信息予以妥善保护，这既是满足客户需求与遵循法律法规的必然要求，更是出版机构维持自身竞争优势的必要举措。不过，鉴于出版机构借助电子商务、电子邮件营销以及在线订阅等途径，收集的读者数据日益增多，客户乃至出版机构自身，遭受数据泄露冲击的风险也在不断攀升。

首先是内容本身。一直以来，互联网信息空间都面临着虚假信息和信息内容安全的挑战，国内外互联网内容平台，如 Facebook、X(原 Twitter)、微信、微博等都不断在提升其虚假内容和信息安全的治理能力。但随着 AIGC 内容的持续增长，虚假信息和信息内容安全的挑战也会增加，这也给出版社的内容审查增加了巨大的工作量。

---

[1]　张岩：《AIGC 应用快速发展的背后》，《中国对外贸易》2023 年第 11 期。

其次是对 AIGC 的恶意使用或滥用，这会引发深度合成诈骗、色情、诽谤、假冒身份等新型违法犯罪行为。不法分子利用开源的 AIGC 模型或工具，以更低的门槛、更高的效率制作出涵盖音视频、图片和文字等种类丰富、真伪辨别难度大的虚假信息，同时也更容易盗用用户身份，以此开展新型诈骗等非法活动。

最后是用户隐私和身份安全。AIGC 模型训练的数据基本上来源于互联网，其中可能包括个人隐私数据，并且预训练模型强大的推理能力可能会导致个人隐私数据泄露的风险。出版社在收集用户信息进行市场调研选题策划时，就有可能侵犯到用户的个人隐私。

三、伦理与社会责任挑战

AIGC 所带来的伦理问题不仅会影响很多人，而且作为一种具有革命性的 AI 技术工具，它也将因为被各个行为主体所用而存在更多的伦理风险。

首先是选题偏倚。有学者指出，AIGC 介入出版流程后，凭借对既有海量数据的深度剖析，为出版单位输出那些契合当下热点、大概率畅销的选题建议，本质上这是算法逻辑与流量导向共同作用的产物。在这种模式下，出版社面临着严峻考验。由于对 AIGC 提供的选题指南过度依赖，他们往往不自觉地将工作重心严重倾向经济效益，而社会效益则被抛至脑后。但出版行业的理想境界，是经济效益与社会效益相辅相成、相得益彰，实现"双效合一"。AIGC 出版单纯迎合流量的做法，让那些蕴含深厚思想、能够提升社会文化素养却缺乏即时流量的优质选题被束之高阁，长此以往，出版业承载的精神文化价值逐步被削弱，甚至陷入价值迷茫，这无疑是对出版行业所应遵循的伦理规范发起了挑战，冲击着出版行业的健康生态。[1]

其次是价值导向偏离。AIGC 在出版领域的应用已使其具备一定程度的价值判断能力。然而，这一能力的形成基础是过往积累的既有数据，也就是说，它所反映出的价值判断在很大程度上是绝大多数用户的观点和倾向的集合。由于这些数据所涵盖的用户群体复杂多样，且可能存在各种主观偏好和局限性，这就使得 AIGC 所作出的价值判断并不一定能够完全契合社会主流价值观和出版行业所应秉持的专业价值标准。但算法歧视问题并未因预训练模型而消除，其也一直是人工智能创新和应用中始终难以避免的伦理问题。若 AIGC 接触到大量违反道德伦理的内容，可能会导致其生成的出版物包含不道德或具有争议性信息；若 AIGC 受到歧视性或偏见性信息影响，就会导致其出版物包含歧视、贬低弱势群体的内容。

第四节　上海实践与国际启示

上海作为中国出版业的重镇，正积极探索出版融合发展的新路径。当 AIGC、AR、VR 技术浪潮席卷而来，为适应日新月异的市场和大众需求，上海出版业正积极融合新技术、新业态、新媒体，以前所未有的速度推进数字化转型，实现传统出版与新兴技术的深度融合。

近年来，上海出版界积极响应国家号召，深入贯彻《关于推动传

---

[1]　谢泽杭、李武：《从赋能到融合：生成式 AI 出版的价值、困境与发展图景》，《编辑学刊》2023 年第 6 期。

统媒体和新兴媒体融合发展的指导意见》，通过技术创新、内容创新、模式创新，不断推动出版产业转型升级。上海世纪出版集团及众多出版机构，充分利用大数据、云计算、人工智能等先进技术，优化出版流程，提升内容质量，拓展传播渠道，为读者提供更加丰富、便捷、个性化的阅读体验。同时，上海出版机构积极搭建出版融合发展交流的平台，举办各类出版行业大会、编辑沙龙、国际书展等活动，促进国内外出版机构的交流与合作。在人才方面，上海出版高校注重培养复合型出版人才，推动出版教育与产业发展的紧密结合，为出版融合发展提供有力的人才支撑。面向未来，上海出版业将始终坚持开放合作与创新发展，深化出版融合实践，借鉴全球出版先进经验，推动出版业高质量发展，以新技术、新渠道、新手段谋求出版新发展，为构建书香上海、传播中华优秀文化作出更大贡献。

一、上海出版业融合发展实践

在数字化时代，出版要发展，需要提升出版新质生产力，形成政府引导、市场导向、产学研用相衔接的出版协同创新体系。[1]在上海，出版业正借助上海的经济优势、技术优势、人才优势，在数字化和融合发展方面取得了显著进展，展示了上海出版在深度融合传统出版与数字出版、探讨出版融合发展新方向，以及技术赋能出版数字化转型升级方面的成就。

---

[1] 方卿、张新新：《出版业高质量发展目标之创新发展——以新质生产力推动出版业高质量发展》，《编辑之友》2024年第2期。

（一）内容、技术、生态三位一体，引领出版业数字化转型

华东师范大学出版社在融合出版发展方面展现出鲜明的特点，主要体现在以下几个方面：首先，出版社始终坚持以内容为核心，以技术为支撑，将优质的教育类图书资源进行数字化转型升级，开发电子书、数字课件、音视频等多种形式的数字资源，并通过自建的"智慧树"教育出版云平台等线上线下平台，实现内容的精准触达和高效传播，将内容优势转化为数字优势。例如，出版社将经典教材教辅《华东师大版一课一练》进行数字化改造，开发了配套的数字课件和音视频资源，并通过"智慧树"平台进行推广，深受师生和家长欢迎。其次，出版社注重线上线下联动，构建教育生态圈，通过建立 24 小时阅读空间、大夏书店等实体书店，以及教学实践基地、绘本馆等，实现线上线下资源的整合和互动，打造"大夏书系"等教育出版品牌，并通过"大夏读书会"等品牌活动，扩大品牌影响力，构建"教育出版生态圈"。例如，出版社将"大夏书系"系列图书与线上读书会活动相结合，邀请专家学者进行线上讲座，并与读者进行互动交流，提升了品牌知名度和用户黏性。再次，出版社注重用户体验，提供个性化服务，利用大数据和人工智能技术，实现内容的精准匹配和个性化推荐，满足不同用户的学习需求，开发多种形式的教育产品，如趣味性科学实验书、英文绘本等，增强用户体验，提升学习兴趣。例如，出版社开发的《乐高教育 STEAM 教程》系列图书，将教学和积木搭建融合，寓教于乐，指导孩子科学实践、推理探索，并通过二维码链接到配套的视频资源，提升了学习效果。此外，出版社积极探索创新运营模式，采用 IP 运作模式，通过二维、三维形式多次创新，增强产品的生命力，如"新说山海经"系列绘本，并积极探索跨界融合模式，与科技公司、

教育机构等合作，开发更多样化的教育产品和服务。例如，出版社与科技公司合作开发 AR 绘本，将虚拟现实技术应用于绘本阅读，为读者带来全新的阅读体验。最后，出版社注重人才培养，提升运营能力，培养具备新媒体素养和创新能力的编辑人才，建立清晰的运营思路和完整的运营框架，创新运营策略，提升市场竞争力。例如，出版社定期组织编辑人员参加新媒体运营培训，学习最新的互联网运营思维和方法，并将其应用于出版实践工作中，提升了产品的市场竞争力。

（二）技术赋能出版数字化转型升级，实现营销导流精准化

上海世纪出版集团旗下的上海音乐出版社（下文简称"上音社"），自 2009 年起，前瞻性地启动了向数字出版领域的转型探索，秉持"导向引领、内容核心、创新驱动"的战略方针，全面推动传统音乐出版与互联网的深度融合。历经十余载精耕细作，上音社不仅圆满完成了多项国家级及市级重点出版任务，累计获得资助超千万元，稳固了其在音乐出版领域的权威地位与影响力。上音社将"音乐知识服务"确定为战略核心，充分挖掘自有运营平台"乐海书情"的潜力，发挥其源头优势。"乐海书情"平台借助"一书一码"创新技术，精准捕捉并引导音乐爱好者流量，致力于为用户打造便捷高效的一站式服务体系，同时依据不同用户的个性化需求，提供丰富多元的服务体验。从基础乐理到高级演奏技巧，从经典曲目解析到现代音乐趋势，用户均能在"乐海书情"上找到满足自身需求的音乐知识资源。[1]此外，作为上音社在"互联

---

[1]《专业出版社在数字经济大潮中突围路径探析》，上观新闻 2022 年 7 月 25 日。

网＋音乐教育"领域的标志性成果，"钢琴巴士"App集成了前沿的AI技术与琴音识别算法，为学习者、教学者和艺术培训机构提供了智能化的音乐学习解决方案。上音社在全力推动自有平台稳健前行的进程中，目光敏锐地积极探寻与大流量第三方平台携手合作的契机。双方通过整合资源，实现优势互补，在用户层面达成协同共享，于价值创造维度做到共创共得，以这样的合作模式，精心构建起线上与线下相互呼应、涵盖多层次架构、涉及多平台联动的宣传、营销以及分销矩阵。这一矩阵的构建极大地拓展了上音社音乐知识服务的传播广度与覆盖范围，为其进一步提升市场影响力、实现业务多元发展奠定了坚实基础。为了将优质音乐内容的数字产品精准送达每位用户手中，上音社着力打造了一套精准营销的粉丝会员体系。通过对用户行为数据的深度挖掘与分析，上音社能够精准定位用户需求，实现个性化推荐与定制化服务。同时，通过会员制度的建立与完善，上音社成功构建起了一个忠诚度高、活跃度强的用户社群，为音乐知识的传播与普及奠定了坚实基础。

（三）开发建设智能数据库，构建高价值融合产品矩阵

上海交通大学出版社（下文简称"交大社"）在融合出版领域构建了一个多元化、高价值的融合产品矩阵，其结构化加工图书、开发建设学术数据库、打造有声产品及自有App等，均体现了"单品有亮点、矩阵有效应、平台有智慧"的显著特点。在全国新闻出版深度融合发展创新案例的评选中，交大社的"地方文献云出版平台"与"慕知悦读融合出版平台"脱颖而出，彰显了其在技术创新与模式探索方面的努力。"地方文献云出版平台"项目依托于上海交通大学出

版社自有的七大文献数据库构建而成，旨在为文献馆藏机构或出版实体提供快速构建数据库的解决方案。该平台不仅支持单一数据库的创建，还允许构建既各自独立又支持跨库检索的集群数据库系统。"慕知悦读融合出版平台"项目则以出版社内部资源的数字化转型为基础，开发了包括电子书、音频书籍、点读语言材料、视频微课程等多样化的数字产品。平台实施了数据的整合，采用科学的存储与管理方法，确保资源的高效利用。通过多渠道分发机制，包括自主研发的应用程序及合作伙伴平台，目前该平台已拥有近 30 万订阅用户。这两个平台不仅优化了传统出版资源的数字化利用，还通过跨平台分发与数据关联，实现了资源的科学管理与高效传播，为上海出版业融合发展提供了有益的参考。

（四）探索元宇宙数字资产，深度融合传统出版与数字出版

上海印刷集团始终紧密遵循"紧密贴合出版业需求、积极拥抱数字化趋势、深度融合文化元素"这一核心改革发展路径，将焦点集中在数字化转型上，积极实施创新驱动的发展战略。上海印刷集团旗下拥有百年印刷企业上海中华印刷有限公司、商务印书馆上海印刷有限公司，以及上海新华印刷有限公司、上海商务数码图像技术有限公司等，致力于促进数字经济与实体经济的深度融合，旨在打造成为出版领域数字化智能制造的典范园区。[1] 同时，在当今数字化浪潮蓬勃发展的时代背景下，上海印刷集团积极响应国家号召，深入贯彻落实

---

[1]《上海印刷集团：数实融合，全面开花》，载"印业独家"微信公众号，2023 年 8 月 21 日。

"文化产业数字化"这一具有深远意义的战略部署。集团深知，在数字化时代，关键数字技术的创新应用是推动产业升级的核心动力，因此，始终将加强关键数字技术创新应用置于重要战略位置，投入大量的人力、物力和财力，致力于在数字技术领域取得突破性的创新成果。与此同时，上海印刷集团还高度重视数字资产的建设与运营工作。通过不断优化数字资产管理体系，提升数字资产的运营效率，充分挖掘数字资产的潜在价值，为企业的可持续发展奠定坚实基础。在实际业务开展过程中，上海印刷集团充分发挥自身优势，为出版社提供一站式解决出版智造需求的全方位服务。具体而言，在出版数字资源的存储方面，集团运用先进的云计算、大数据等技术，构建了安全可靠、高效便捷的数字资源存储平台，确保出版社的各类数字资源得到妥善保存和管理；在出版内容的进一步再加工环节，集团凭借专业的编辑团队和先进的技术手段，对出版内容进行深度挖掘和精细化加工，提升出版内容的质量和价值；在出版 IP 元素的文创产品定制方面，集团充分发挥创意设计优势，结合市场需求和文化特色，为出版社量身定制各类富有创意和文化内涵的文创产品，助力出版 IP 的多元化发展。值得一提的是，上海印刷集团在数字化领域有着敏锐的市场洞察力，不仅聚焦于传统出版智造业务的数字化转型，还积极拓展数字文创领域。集团深入探索元宇宙数字资产这一前沿领域，通过不断研究和实践，逐渐掌握了元宇宙数字资产的开发与应用技术。在此基础上，集团着力打造自有品牌的数字藏品，将传统文化与现代科技深度融合，赋予数字藏品独特的文化魅力和艺术价值。展望未来，上海印刷集团将继续坚定不移地在数字化领域深耕细作。集团将以技术创新为引领，以市场需求为导向，致力于构建一套完善的数字技术创新与应用体系。通过加强技术研发、优化业务流程、提升服务质量等多方面的努力，推进传统印刷向数字化智能制造的转型升级，为文化产业的高质量发展注入新的活力和动力。

二、国际经验对上海出版业数字化融合发展的启示

全球出版业融合发展的大潮中，国际出版企业凭借其技术创新、运营模式的优化及战略布局的前瞻性，展现了一定的竞争优势与创新力。上海出版业作为中国出版业改革开放的桥头堡，若能从中汲取经验教训，结合自身实际，将有助于推动自身的融合发展，实现在全球出版市场中的崛起与繁荣。

首先，国际出版业的融合发展依托于技术的深度应用和创新，这不仅推动了出版流程的优化，也为出版业未来的发展方向提供了清晰的路径。以施普林格·自然为例，这一全球知名的学术出版企业，率先在出版流程中广泛应用了人工智能技术，极大地提升了内容生产的效率与质量。施普林格·自然在 AI 驱动的学术出版创新中，主要通过几方面的技术应用来优化出版流程。在辅助论文写作方面，施普林格·自然借助 AI 平台，开发了如 Auto Summarization 等能够自动化生成图书摘要的工具。这一技术能够从大量科研文献中提炼出核心内容，生成高质量的摘要，不仅减少了人工编辑的时间和成本，也提高了摘要的准确性和信息传达的效率。这对于需要快速发布高质量内容的出版商而言，无疑是一个强有力的工具。此外，施普林格·自然还在同行评审环节中引入了 AI 技术，以提升评审流程的效率和客观性。AI 工具能够自动筛选出符合出版标准的论文，提高了评审的速

度，并通过分析大量数据，帮助识别潜在的研究创新点和领域热点，从而优化出版物的质量和影响力。这些技术的应用，极大地增强了施普林格·自然在全球学术出版市场中的竞争力。施普林格·自然借助大数据技术，深度剖析与发掘用户行为以及市场数据，从而达成内容的精确投放以及营销策略的改良。通过对读者需求的精准把握，施普林格·自然能够制定更加符合市场需求的选题策划，提高出版物的市场覆盖率和读者满意度。例如，通过大数据技术分析，其能够识别出特定学科领域的热点研究方向，并及时推出相应的出版物，从而有效提升了出版物的市场反响和销售业绩。这些实践表明，技术创新不仅能够显著提升出版流程的效率，还能为出版企业提供更精准的市场洞察与决策支持。对于上海出版业而言，这些经验具有重要的参考价值。上海出版单位若能积极引进并发展类似的智能技术，将有助于提升自身的出版流程效率与内容质量，从而在全球学术出版市场中占据更为重要的地位。同时，通过加强大数据技术的应用，上海出版企业可以更准确地了解读者需求，优化选题策划，提高市场竞争力。这不仅将推动上海出版业的数字化转型，也为其在全球出版市场中的崛起奠定坚实的基础。

其次，国际出版业的成功经验表明，平台化发展是推动出版业融合发展的关键路径之一。以全球领先的教育出版机构培生集团为例，其通过整合线上教育资源，成功搭建了多个教育内容服务平台，实现了教育资源的全球化传播。培生的这一平台化发展模式，不仅极大地拓宽了其市场空间，还增强了其应对全球市场变化的能力，为全球出版业提供了宝贵的经验。

培生集团在平台化发展中的一大成功案例是其线上学习平台

Pearson+ 的推出。Pearson+ 不仅整合了广泛的教育资源，还通过生成式 AI 工具，为学生提供了实时的学习支持。2023 年 7 月，培生在这一平台上引入了 ChatGPT 驱动的生成式 AI 工具，以提升学生的学习体验和效率。这一创新措施在当年秋季学期开始应用，为全球范围内的学生提供了快速、高效的学习支持，极大地增强了平台的吸引力和用户黏性。培生还通过与大型技术公司合作，进一步扩展其教育内容的全球传播。例如，培生集团与其他大语言模型技术平台合作，开发了适用于其教育内容的个性化学习工具。这些工具能够根据学生的学习进度和需求，自动调整教学内容，提供更具针对性的学习支持，从而显著提升了学习效果。这种通过技术手段实现教育内容定制化的做法，使得培生在全球教育出版市场中占据了领先地位。培生的成功还体现在其全球化的教育内容传播策略上。通过数字平台的搭建，培生实现了优质教育资源的广泛传播，突破了传统出版物的地域限制，使得全球各地的学生都能通过这一平台获取到最新、最优质的教育内容。这不仅扩大了培生的市场份额，也提升了其品牌的国际影响力。培生集团的这些成功经验表明，平台化的发展模式是应对市场变化、扩大市场覆盖范围、增强市场竞争力的有效路径。对于上海出版业，尤其是在教育出版领域，这一模式具有重要的借鉴意义。上海出版企业在探索融合发展的过程中，应积极构建并完善自身的平台经济体系，通过整合优质教育资源，搭建能够覆盖全球市场的数字平台，实现资源的优化配置与价值最大化。例如，上海出版企业可以学习培生的做法，开发集成多种教育资源的线上学习平台，并引入 AI 技术，提供个性化的学习体验。这种平台不仅可以提升国内市场的教育水平，还可以通过输出优质教育内容，扩大上海出版企业在国际市场的影响力和竞争力。通过平台化发展，上海出版业将能够在全球市场中找到新的增长点，并在激烈的国际竞争中占据一席之地。

再次，国际出版业的融合发展在开放性与协作性方面表现尤为突出，这种策略不仅推动了产品和服务的数字化进程，还促进了教育内容的创新与全球传播。牛津大学出版社就是一个典型的案例，其通过与全球各大教育技术平台的合作，成功实现了出版物的数字化转型，并在全球范围内扩大了教育资源的传播影响力。牛津大学出版社通过与教育技术平台 Century 的合作，推出了适应性学习产品 Bond Online Premium 和 Bond Online Premium Plus。这些产品基于人工智能技术，能够根据学生的学习进度和需求，自动调整教学内容，从而为学生提供个性化的学习支持。这种合作不仅显著提升了牛津大学出版社产品的数字化水平，也极大地增强了其在全球教育市场的竞争力。此外，还在其核心学术出版领域引入了数字技术，如通过在线平台提供电子书、在线期刊和其他数字化教育资源，以满足全球用户的多样化需求。这些措施推动了教育内容的创新，使得出版社能够迅速响应全球市场的变化，并为广大学生和学者提供更便捷、更高效的学习与研究工具。牛津大学出版社的成功表明，通过与技术公司和教育平台的紧密合作，出版机构可以有效提升其数字化和智能化水平，进而在全球市场中获得更广泛的影响力和更高的市场占有率。对于上海出版业而言，这种开放性与协作性的发展模式具有重要的借鉴意义。上海出版业可以借鉴牛津大学出版社的合作模式，进一步加强与国际出版机构、技术公司及科研机构的合作，通过共享技术、整合资源，加快出版业的数字化、智能化转型。例如，上海出版企业可以与国际知名的教育技术公司合作，开发面向全球市场的数字化教育产品，如在线学习平台、电子书库、在线期刊等，从而扩大其在国际市场的影响力。此外，通过与科研机构的合作，上海出版企业可以加速技术创新，在内容创作、出版流程优化、数据分析等方面取得突破，推动出版业整体向更高效、更智能的方向发展。这种开放性与协作性的发展策略，将有助于上海出版企业更好地应对全球化背景下的竞争挑战，实现更为广泛的国际化发展。通过借鉴国际先进的合作模式，上海出版业不仅可以提升自身的技术水平和市场竞争力，还能够在全球出版行业中占据更为重要的地位，推动上海出版走向世界。

此外，尽管技术的广泛应用为出版业带来了前所未有的发展机遇，但同时也伴随着一系列复杂的挑战。这些挑战不仅涉及技术本身的局限性，还关乎数据安全、版权保护等关键领域。国际出版业在应对这些问题时积累了丰富的经验，这些经验对于上海出版业具有重要的警示和借鉴意义。首先，人工智能技术在出版领域的应用，虽然显著提升了内容生产与传播的效率，但也引发了关于数据安全的重大问题。以 ChatGPT 为例，这一生成式 AI 工具被广泛应用于内容创作和自动化新闻生产。然而，AI 模型训练过程中所需的大量数据往往包含用户的个人隐私信息，导致数据泄露的风险大大增加。例如前述 2023 年意大利数据保护局以涉嫌违反数据收集规则为由，暂时禁止 ChatGPT 在该国的使用，并限制其处理意大利用户数据的权限的事件凸显了在使用 AI 技术的过程中，如何有效保护用户数据安全已成为一个亟待解决的问题。除了数据安全，版权保护也是一个棘手的问题。人工智能生成的内容在著作权归属方面存在巨大争议。以

AIGC（人工智能生成内容）为例，目前还没有明确的法律框架来规定这些内容的版权归属。2023 年，美国版权局（USCO）发布的第 202 条例明确指出，AI 自动生成的作品不受版权法保护，这为全球范围内如何处理 AI 生成内容的版权问题提供了参考。然而，这一规定也引发了创作者与技术开发者之间的激烈讨论，尤其是关于 AI 生成内容是否应当享有与人类创作内容同等的法律保护。因此，在上海出版业广泛应用 AI 技术的背景下，如何合理划分 AI 生成内容的版权归属，保护创作者的合法权益，成为必须正视的法律问题。面对这些挑战，上海出版业在推动技术融合发展的同时，必须加强法律法规的完善与行业规范的制定。首先，应制定更加明确的法律框架，明确 AI 生成内容的版权归属问题，确保创作者的合法权益得到有效保护。这不仅有助于规避潜在的法律风险，还能够为行业的健康发展奠定坚实的基础。其次，出版企业在使用 AI 技术时，必须高度重视数据安全问题。应借助强化数据加密、注重用户隐私保护等一系列举措，来保障技术在应用期间具备合规性与安全性，避免出现数据泄露或者被滥用的情况。此外，行业规范的制定同样至关重要。上海出版业应借鉴国际出版业的经验，制定并严格执行行业规范，确保 AI 技术的合理应用。例如，在内容生成和传播过程中，出版企业应当遵循透明度和问责制的原则，确保所有使用 AI 生成的内容都能够被清晰标识，并建立相应的责任追究机制，以应对可能出现的版权纠纷和数据安全问题。总之，虽然技术的广泛应用为上海出版业带来了巨大的发展潜力，但其带来的挑战也不容忽视。通过完善法律法规、加强行业规范，上海出版业不仅可以有效应对这些挑战，还能够在全球化背景下，实现更健康、更可持续的发展，为推动中国文化走向世界提供强有力的保障。

综上所述，国际出版业的融合发展，尤其是在技术应用、平台化发展、开放性与协作性等方面为上海出版业提供了许多宝贵的经验和启示。上海出版业可以通过充分利用其在人工智能技术、学术和教育资源丰富、国际化程度高等方面的优势，积极借鉴国际出版业的融合发展经验，推动本地出版业的数字化、智能化和全球化发展。这将有助于上海出版业在全球出版市场中实现更高水平的崛起，巩固其在国际出版行业中的领先地位。

第二章
挑战与机遇并存：国际学术出版业的升级转型

在数字出版转型和创新的过程中，大型出版机构在转型过程中的经验能够起到非常重要的引领作用；而作为出版三大分支方向之一的学术出版，其转型历程不仅关乎出版数字转型进程，同时对于学术出版及学术研究有重要影响。就目前的学术出版转型特点来看，行业"像素化""社交化""平台化"和"服务化"转型特点显著，逐步增加以"用户"为核心的出版物传播增值服务比重，其中一项重要的功能则是开放获取（Open Access, OA），并逐渐从开放获取向开放数据、最终形成开放科学环境的方向发展。这些转变与发展对于科学而言，能够加速科学发现，并提高结果的可重复性，使得研究结果更易于获取和使用，同时能够减少负面结果的使用，有利于建立更加公平高效的科研体系。

2022年国际学术与教育出版数据显示，包括美国、德国、阿塞拜疆、匈牙利等28个国家在内，其出版业总收入为763亿美元。美国的销售收入最高（262 亿美元），其次是德国（99 亿美元）、日本（93 亿美元）、印度（91 亿美元）和英国（5 亿美元）。韩国 2022 年的收入数据不详，但其 2021 年包括贸易和教育在内的收入为 67 亿美元，足以跻身销售收入排名前五的国家之列。在 2022 年行业数据的 23 个国家中，有 14 个国家的贸易行业收入占总收入的 50% 或更多，从意大利和英国的 55.5% 到日本的 93.2% 不等。同时，在一些国家比如印度（93.3%）、荷兰（66%）和土耳其（73.5%），教育部门的收入占总收入的三分之二或以上。[1]

综上数据分析，如同科学活动离不开资本规范有序介入，学术出版亦是如此。"学术出版和学术期刊从诞生起，就与商业有着千丝万缕的联系。从最基本的纸张供应、印刷服务和发行，到内容编辑、文字润色和宣传推广，商业在科学出版中扮演着重要的角色。"[2] 商业资本不但为科学出版提供了资金支持，而且按市场规则从中获取合理的利润。

从研究目的和重要性来说，研究大型学术出版机构在学术出版的创新发展中的策略与实施，能够更好地抓住目前国际专业与学术出版的整体布局和创新趋势，以便于国内和各类中小型同类出版社在未来发展中吸取经验、把握机遇。

---

[1] 参见世界知识产权组织（WIPO）:《2022 年的全球出版业（*The Global Publishing Industry in 2022*）》，第 52 页。

[2] 武大伟、徐飞:《资本失范性介入国际学术期刊的出版乱象分析与治理思考》,《中国科技期刊研究》2023 年第 9 期。

第一节　国际学术出版业发展溯源

一、开放获取持续纵深发展

开放获取（Open Access, OA）是一种新型学术出版模式，旨在推动科研成果的免费共享与传播。其中，金色开放获取（金色 OA）是最常见的实现方式——作者支付文章处理费（APCs）后，其论文即可立即免费向公众开放，从而提高学术成果的可见性和影响力。然而，随着开放获取的发展，一些不良出版商趁机创建虚假期刊（即掠夺性期刊），通过伪造网站、虚假承诺等手段骗取作者的 APCs 费用。这些期刊既不提供正规的同行评审，也不确保论文质量，严重扰乱了学术出版秩序，损害了科研工作者的权益。2021 年在《自然》（Nature）杂志上发表的一篇文章对 10 家掠夺性出版商的 2300 种期刊进行分析发现，这些掠夺性期刊的 90 多万篇论文正通过盗用、欺诈等方式重新发表，当代掠夺性期刊论文泛滥已经成为严重现象。2022 年 3 月，同一杂志发表的数据表明，掠夺性期刊的数量已超过 15500 种并且快速增长。[1]

开放获取运动经过二十年的发展，已从理念倡导进入全面实践阶段。早期以 2002 年《布达佩斯开放获取宣言》和 2003 年《柏林宣言》为标志性起点，奠定了理论基础；2015 年后 "OA2020 倡议" 和 2018 年 "S 计划" 等国际行动则推动开放获取进入快速发展期。据统计，截至 2021 年全球已有 42 个国家和地区的 155 个机构加入 OA2020 倡议，S 计划联盟成员也达到 27 个。国际知名出版商和顶级

---

[1]《Nature：全球掠夺性期刊已超过 15500 种》，载 "科学文字社" 微信公众号，2022 年 4 月 6 日。

学术期刊纷纷调整出版政策，顺应开放获取趋势。数据表明，开放获取期刊的增长速度持续领先传统期刊，2020 年开放获取论文数量首次超过订阅论文，这一里程碑事件标志着开放获取已成为学术出版的主流选择。[1]

从全球实践来看，各国开放获取进程存在差异。美国虽然仍以传统订阅模式为主，但已开始通过政策引导推动开放获取转型，目前正处于过渡阶段。中国科研人员则更注重期刊质量，高质量开放获取期刊正成为越来越多中国学者的选择。高质量的 OA 期刊也是许多中国高水平的作者发表文章的重要渠道，以 2021 年起设立的"爱思唯尔中国金色开放获取高下载论文学者"为例，截至目前共有近 400 名中国科研人员荣获该奖项。[2]

二、国际学术出版平台变革之路

20 世纪后期，全球主要学术出版商开始布局数字化建设，逐步建立起完整的全文数据库体系。随着新世纪的到来，这些出版机构创新性地开发了基于 XML 技术的增强型数字内容服务，将传统纸质出版与数字出版有机结合，创造了可观的商业价值。与此同时，开放获取理念的传播和知识共享协议的普及，对传统的学术传播模式产生了深远影响。面对这一变革，学术出版商在保持内容质量优势的前提

[1] K. Siler, P. Vincent-Lamarre, C. R. Sugimoto, V. Larivière, "Predatory Publishers' Latest Scam: Bootlegged and Rebranded Papers", *Nature*, Vol.598, No.7882, pp.563—565, 2021.

[2] 汪全胜、张晓晓：《论我国开放获取学术期刊作者付费模式的创新路径》，《编辑之友》2022 年第 6 期。

下，主动调整发展战略：一方面持续强化核心学术资源建设，另一方面积极引入新兴技术，拓展服务边界。经过十多年的探索与实践，整个学术出版行业逐步完成了转型升级，形成了更加多元化的生态系统。行业内头部技术公司不断被收购，全流程学术出版平台解决方案越来越成为主流。比如 2016 年，威立（Wiley）公司以 1.2 亿美元的价格收购了为全球学术期刊发展服务的软件公司 Atypon，跨越式地实现从内容出版到平台解决方案提供商的转型升级。"Atypon 在被收购之前已经在行业内运作了 20 年，此前已独立完成对 Metapress、eXtyles 等产品的收购，合作者包括全球最大和最有威望的一些学术组织和机构。Atypon 旗下学术出版平台 Literatum 为全球近 9000 种期刊和 1500 余家出版商提供智能搜索、信息发现、访问控制、电子商务、市场营销等服务，现已进入中国市场。"[1]

2018 年，爱思唯尔公司收购 Aries 系统，成为 Aries 拳头产品——全球三大投审稿系统之一的 Editorial Manager 的新东家。Editorial Manager 在被收购前已经为公共科学图书馆（PLOS）、施普林格以及爱思唯尔等全球 150 多家出版商的 3300 多种学术期刊提供稿件在线处理服务。由于每天都有成千上万的论文流经 Editorial Manager，所以爱思唯尔收购 Aries 的举措使其提供行业服务的吸引力和集中性得到了显著提高。其在收购之前已经自主开发了与 Editorial Manager 功能相近的稿件提交和跟踪系统 Evise 并已投入使用，但依然放弃 Evise 选择收购用户基础更好的成熟产品，足以证明出版商在战略转

[1]　王欣、董洪光、刘峥：《开放与融合背景下的学术出版平台建设研究》，《数字图书馆论坛》2022 年第 8 期。

型与业务拓展过程中快速完成用户积累的重要性。[1]

第二节　学术出版变革趋势：结构模块化、传播互动化、生态融合化

在信息技术持续革新与数字生态不断演进的背景下，学术出版正在经历深层次的转型。这一变革不仅体现于技术手段的更迭，更体现在知识结构、交流模式与产业形态的系统性调整。学术出版正由传统的线性流程走向更加灵活、动态的生态体系。本节拟从"结构模块化""传播互动化"与"生态融合化"三个方面，解析当前学术出版的发展新趋势，并探讨这些趋势将如何重塑学术传播生态，为研究者、出版机构及学术共同体带来新的挑战与机遇。

一、学术内容结构化演进，呈现模块化趋势

传统的学术出版以整篇论文或专著为主要形式，但在数字技术的推动下，学术内容的表达方式正在变得更加细化与结构化，逐步形成"结构模块化"的发展趋势。这种趋势表现为：

首先是知识单元化生产的普及。研究成果不再局限于完整论文的形式呈现，而是被拆解为更小的、可复用的模块，如数据集、研究方法、实验流程、分析代码等。这些独立单元可以单独发布、引用与组合，增强了知识的透明度与开放性，也推动了可重复性研究的发展。

[1] See "Directory of Open Access Journals-DOAJ", https://doaj.org/.

例如，位于瑞士的国际性非盈利组织 Plazi 通过其 TreatmentBank 服务，将生物分类学文献的数据转化为 XML 格式的 FAIR 数据，并建立了可公开访问的生物多样性文献库。这种做法体现了学术内容结构化和模块化的趋势，有助于促进数据的共享和再利用。[1]

其次是表达方式的多模态融合。在结构化内容的基础上，学术表达形式也日趋多元，图表、动画、可视化模拟等元素嵌入出版过程，不仅提升了信息的可理解性，也强化了读者对知识的体验感。这种多模态内容的融合，使得复杂学术信息能够更有效地跨越专业边界传播。

最后是模块间关联的语义网络化。各知识模块之间通过标签、引用、元数据等方式建立联系，构成逻辑清晰的语义网络。这种结构不仅优化了信息检索方式，也为学术成果的跨领域融合和深度挖掘提供了支持，推动了知识图谱的构建与演化。结构模块化的趋势，体现了学术出版对知识组织方式的重新设计，也为科研活动的数据驱动、协同研究和成果开放提供了基础设施支持。

二、学术传播路径多元化，呈现互动化趋势

数字化环境下，学术传播正从单向发布转向双向互动、从专业圈层走向公共参与。这一趋势可以归纳为"传播互动化"，主要体现在以下几个方面：

首先是媒介融合驱动下的传播场景拓展。传统出版物与数字媒体

---

[1] D. Agosti, M. Guidoti, G. Sautter, "Liberating the Richness of Facts Implicit in Taxonomic Publication: The Plazi Workflow", *Biodiversity Information Science and Standards*, No.4, 2020.

的融合，使得文章不再是唯一的传播终点。学术视频、可视化摘要、播客、短视频等新型传播形式不断涌现，为研究成果提供了更多样化的展示维度，增强了与受众的互动性和共鸣感。

其次是科学传播主体的泛在化。越来越多的学者开始主动参与社交平台和内容创作，通过个人账号、公众号、直播间等形式发布科研动态、解读前沿成果，拓宽了学术传播的边界。与此同时，科学KOL（关键意见领袖）和科普达人成为学术信息传播的新生力量，推动公众与专业知识之间的桥接。据中国社会科学网报道，数智化技术支持了研究成果的快速发布和实时传播，缩短了学术传播周期，模式上从传统的纸质出版与单一渠道传播逐渐向多元化、数字化、互动化方向转变。[1]

再次是交流方式的即时反馈化。通过评论、弹幕、问答、互动直播等机制，读者可以在阅读或观看学术内容的同时与作者、他人展开即时交流。这种多向互动机制提升了知识传播的参与感，也加快了学术讨论和反馈的速度，使学术出版更具动态性和开放性。

传播互动化趋势，体现了知识传播从"内容为王"到"交互为核"的范式转变，为学术界打造"去中心化"的交流新空间，也让公众对科学的关注从被动接收转为主动参与。

三、学术出版生态重组，呈现融合化趋势

当前，学术出版行业正加速向平台化、数据化、服务化方向演

---

[1]　杨程茜：《重构数智时代的学术传播流程》，载中国社会科学网，2025年3月14日。

进，这一过程不仅改变了出版的组织结构，也催生了新型的知识服务模式，可归纳为"生态融合化"趋势。

首先是出版平台功能的垂直整合。以往的出版流程被分割在不同机构之间，而现在，从作者投稿、同行评审、编辑加工、数字分发到后期推广，越来越多环节正被集成进统一的数字平台中，形成一体化知识服务生态。这种平台不仅提供内容管理，还集成指标分析、数据挖掘、可视化等功能，拓展了出版的附加价值。

其次是技术驱动下的服务智能化。人工智能、区块链、知识图谱等技术的应用，使得审稿过程更加智能、内容审核更加高效、数据管理更为精准。例如，AI辅助选刊、自动文献推荐、智能审稿意见生成等，已逐渐成为出版工作的新常态。

再次是角色关系的重构与共享。平台的出现模糊了传统出版机构、学术数据库、科研机构之间的边界，推动形成跨界协作的新生态。高校、研究机构、科技公司等多方力量共同参与出版流程，构建起更具弹性和协同能力的学术生态系统。

生态融合化趋势体现的是从"单点出版"走向"全链条服务"的系统性转型，不仅提高了资源配置效率，也促使学术出版在全球化、数据驱动与开放科学潮流中获得新的战略地位。

面对技术迭代与社会需求变革，学术出版正在从内容的"生产者"演化为知识的"组织者"与"服务者"。结构模块化、传播互动化、生态融合化这三大发展趋势，展示了学术出版如何在碎片化信息、即时互动与平台集成中不断重塑自身形态。未来，学术出版将更强调知识的透明性、开放性与可共享性，为全球科研协作和公众科学素养的提升提供坚实支撑。

第三节 现阶段学术出版面临的问题与挑战

在探讨现代学术出版领域的复杂性时，各国都面临一系列挑战和问题，这些挑战不仅影响了学术出版的质量和信誉，还对全球学术生态产生了深远的影响。具体包括出版本质的双重面貌、出版流程中的矛盾、地域分布的不平衡性，以及期刊影响力对学术交流的双刃剑效应。对这些问题的讨论，能够揭示学术出版背后的复杂性，并探索可能的解决方案，以促进学术出版领域的健康发展和学术交流的良性循环。

一、出版本质：学术开放与欺骗掠夺

在学术出版领域，掠夺性期刊的问题已经成为一个显著的关注点。有研究表明，这类期刊通过利用开放获取模式，采用提供虚假或误导性信息、偏离标准编辑和出版实践、缺乏透明度，并通过侵略性的招募手段来吸引作者提交稿件，进而牟取利益。[1]一些学者将掠夺性期刊和出版商定义为"那些以牺牲学术为代价来优先考虑自身利益的实体，其特征是提供虚假或误导性信息、偏离最佳编辑和出版实践、缺乏透明度，以及/或使用侵略性和不加选择的招募实践"[2]。

导致这类期刊增长的原因主要包括"发表或灭亡"的学术文化、学术出版的商业化以及同行评审过程的不透明性。一份2022年的报告揭示了这些因素如何共同促进了掠夺性期刊的增长，指出现有超过15000

---

[1] 张博宇：《比较视角下掠夺性期刊特征研究》，天津师范大学硕士学位论文，2022年。

[2] Agnes Grudniewicz, David Moher, Kelly D. Cobey, et al., "Predatory Journals: No Definition, No Defence", *Nature*, Vol.576, No.7786, pp.210—212, 2019.

种掠夺性期刊。[1]识别掠夺性期刊的挑战在于其欺骗性行为，如提供不清晰的同行评审过程信息、隐藏的费用、虚假的编辑委员会或对索引信息的不实声明。为了帮助研究者识别可信的期刊，已开发了多个倡议和资源。例如，"Think. Check. Submit"提供了一套评估期刊的指导，而开放获取期刊目录（DOAJ）则列出了满足特定质量标准的期刊。[2]在提交工作之前，研究者需要仔细评估期刊，如检查出版商是否为国际出版诚信组织的成员、同行评审过程的透明度，以及合法的索引和存档服务。[3]

另一种是建立与 OA 期刊相似的网站，假冒正规合法期刊。未经严格同行评议和编辑审核的文章在掠夺性期刊上发表后，被其他不知情学者检索并在其基础上进一步研究和引用，影响潜在研究的可信度和有效性。掠夺性期刊假冒 OA 期刊掩盖欺骗掠夺的本质，损害了 OA 期刊的声誉和成果，造成 OA 期刊作者和读者的流失，损害了 OA 期刊出版商的权益。[4]

二、出版流程：严格审查与虚假承诺

开放获取期刊遵循严格的学术出版标准。这些期刊的网站通常包

---

[1]　Cabells Scholarly Analytics, "The Cabells Predatory Journal Blacklist: Criteria for Determination", 2022.

[2]　Directory of Open Access Journals, "About DOAJ", https://www.doaj.org.

[3]　Phil Hurst, "Predatory Journals: How to Avoid Being Prey?", Royal Society Publishing Blog, Sept.7, 2022.

[4]　袁小群、黄国英：《开放与掠夺：掠夺性期刊的比较特征、产生缘由与应对策略》，《出版广角》2022 年第 16 期。

含清晰的导航，使读者能够轻松访问"期刊介绍""编辑委员会"和"联系我们"等关键信息。例如，《自然》和《科学》等著名的 OA 期刊提供了详细的作者指南和审稿政策，以确保提交的稿件接受合理且透明的同行评议过程。这些期刊还规定了明确的文章撤回政策，以处理可能出现的学术不端行为。

与此相反，掠夺性期刊通常通过邮件邀请作者投稿，并利用学术期刊与研究人员之间的信息差，采取伪装措施。它们可能仿冒合法 OA 期刊的网站设计，或在宣传材料中虚构编辑委员会成员和期刊的可信度指标。这类期刊的信息往往不透明，缺乏规范的编辑评审和同行评议流程，导致大量低质量文章的发表。更为严重的是，在作者未签署出版协议之前就进行文章出版，并在作者提出撤稿要求时拒绝撤回，有时甚至要求作者支付高额的撤稿费用，从而对作者进行经济上的掠夺。[1]

上述做法不仅损害了学术出版的质量和信誉，还给研究人员造成了经济和心理上的负担。因此，研究人员在选择提交稿件的期刊时，需要进行彻底调查和审慎考虑，以避免成为掠夺性出版行为的受害者。为了应对掠夺性期刊的问题，学术界已经采取了一系列措施，包括提高研究人员对这一问题的认识，以及开发和推广用于识别可信期刊的工具和资源，如 DOAJ 和"Think.Check.Submit."计划。通过这些努力，学术界希望能够保护研究人员免受掠夺性期刊的负面影响，同时维护学术出版的质量和诚信。

---

[1]　参见 www.beallslist.net。

三、地域分布：发达国家与发展中国家

OA 期刊和开放获取知识库均主要集中在发达国家。开放获取运动最先由发达国家发起，相关机构大力资助学术交流开放获取活动，成为推动开放获取运动的主要力量。从实现方式来看，发达国家成熟的数据共享技术为开放获取运动的发展提供了可能，促使学术交流文化方式向开放获取方式转化。与 OA 期刊不同，掠夺性期刊的出版商和作者大多来自发展中国家，也具有明显的地域分布特征。有研究发现掠夺性期刊集中于发展中国家，尤其是印度。有学者从网络知名的掠夺性期刊名单 Beall's List 中随机选取了 50 本来自不同学科领域的期刊，并向在这些期刊上发表文章的作者发放问卷。调研发现，大部分掠夺性期刊的所在地位于发展中国家如印度、巴基斯坦和尼日利亚等，其作者大多来自非洲、亚洲和中东国家。另一些的研究结果进一步表明这些作者大多是发展中国家年轻且缺乏经验的研究人员。[1]

四、期刊影响：促进学术交流与破坏学术生态

OA 期刊出版是网络环境催生的一种新型学术交流出版方式，提倡"作者付费，读者免费"，旨在打破文献获取与使用的限制，促进学术信息免费共享，提供更开放的学术交流。OA 期刊与传统学术期刊相比，其出版形式便捷，费用低，获取和使用便利。从传播效果角度看，OA 期刊基于互联网的传播优势明显。从期刊影响因子角

---

[1]　邹军、荆高宏：《"掠夺性期刊"的伦理问题及治理：基于"利益相关方框架"的思考》，《现代传播（中国传媒大学学报）》2021 年第 9 期。

度看，同一影响因子水平的 OA 期刊比传统期刊有更大的发展潜力。OA 期刊通过信息资源的免费开放存取，实现了学术领域的资源共享，促进了学术期刊出版的良性发展。而掠夺性期刊是基于开放获取的作者付费模式衍生的欺诈性期刊，其动机是金钱，出版仅是获利的手段。掠夺性期刊模仿 OA 期刊的出版方式，将自己为营利不择手段的行为"合法化"，将知识商品化，使学术出版沦为"交易"。作者只需支付相应费用，即可在掠夺性期刊发表文章。一方面，掠夺性期刊营造文章"付费就能发表"的扭曲学术出版理念，把作者与期刊之间的关系视为一种利益交换，不仅将学术期刊商品化，掠夺了广大发展中国家的学术资源，还裂解了期刊背后的学术共同体及学术出版的伦理和规范，破坏了全球学术生态。另一方面，在掠夺性期刊上发表的论文往往不能成为学者的有效成果，而且这些论文的文章处理费大多来自大学或研究机构，造成学术成果和资源被掠夺，给资助机构和作者带来损失。[1]

第四节　国际出版格局的分化与再平衡

在全球化与数字化进程的推动下，国际学术出版业正在经历深刻的结构性调整。前三节聚焦于出版形态的技术演进、互动模式的拓展以及平台生态的融合，本节则从全球出版格局和学术力量的分布角度切入，探讨国际出版秩序中呈现出的结构性不平衡，以及如何实现知识生

---

[1]　J. Xu, Z. Wang, W. Tang, "Who Published in Chinese Predatory Journals? A Study on the Authorship of Blacklist Journals", I Conference 2020 Proceedings, 2020.

产与传播的更公平、更包容的全球格局。全球出版格局的重构不仅关乎技术和市场的变迁，更关乎知识权力的再配置与文化主权的维护。

一、全球出版资源的分布不均与知识传播的结构性壁垒

长期以来，国际学术出版资源呈现出高度集中的趋势。主要的出版话语权集中在少数欧美出版集团手中，包括爱思唯尔、施普林格·自然、威立、泰勒-弗朗西斯等。这些跨国出版商控制着全球最具影响力的学术期刊资源和数据库，在学术成果的编辑、评审、发行与检索等环节拥有主导地位。这种高度垄断的格局形成了一种"知识封锁"效应，即绝大多数发展中国家和边缘地区在全球学术传播体系中处于弱势地位。

根据国际学术出版商协会（STM）2022 年的统计报告，全球超过 70% 的 SCI 收录期刊由五大出版商控制，爱思唯尔一家就占据了接近 24% 的市场份额。[1] 而在自然科学与生命科学领域，头部出版商对高影响力期刊资源的集中度更高。这种结构性集中导致了发展中国家学术成果传播渠道受限，不仅影响了其研究的可见度与引用率，也对全球科研合作的平衡性产生了负面影响。

此外，许多重要的数据库如 Web of Science、Scopus、PubMed 等，也由西方国家主导。这不仅使得发展中国家的研究成果更难进入全球视野，也造成了知识评价体系的倾斜，使得"国际发表"常常等

---

[1] See STM Global Brief 2022, https://www.stm-assoc.org/2022_10_04_STM_Global_Brief_2022.pdf.

同于"西方发表"，进一步加剧了"学术殖民"的现实困境。

二、开放获取的公平性困境与发展中国家的双重压力

开放获取（OA）本应是解决学术传播不平等的重要路径，其目标在于打破"付费墙"，让所有科研成果都能被免费获取。然而，当前 OA 模式，特别是"作者付费制"的金色开放获取，在全球推广过程中却暴露出显著的公平性问题。

在金色 OA 模式下，文章处理费（APC）通常高达数千美元，这对许多发展中国家的科研人员而言是一项沉重负担。即便一些国际组织设有 APC 减免政策，但覆盖范围有限、申请流程复杂，许多青年学者和中小科研单位依然难以负担高昂的出版成本。这使得发展中国家面临"发表难"与"获取难"的双重困境。

根据《DOAJ APC 调查报告》（2014 年 5 月）显示，在被调查的 2567 本开放获取期刊中，约 26% 的期刊收取文章处理费。在这些期刊的收费标准差异较大，平均费用为 964 美元，最高可达 3900 美元。尽管此数据较早，但它揭示了 APC 费用的广泛分布和潜在的经济障碍。高额的 APC 可能使得经济资源成为发表权力的决定因素，从而加剧知识生产的不平等。[1] 这种收费模式客观上将经济资源转化为发表权力，加剧了知识生产的不平等。

与此同时，掠夺性期刊往往以低门槛、低费用为诱饵，成为部分

---

[1] Heather Morrison, Jihane Salhab, Alexis Calvé-Genest, Tony Horava, "Open Access Article Processing Charges: DOAJ Survey May 2014", *MDPI AG*, Vol.3, No.1, 2015, pp.1—16.

经济能力有限的研究者的"替代选择"，进一步引发出版质量与科研诚信问题。这一现象在印度、尼日利亚、巴基斯坦等发展中国家尤为严重。因此，OA模式的理想与现实之间仍存在鸿沟，其设计与治理若不能充分考虑发展中国家的承受能力与制度环境，反而可能成为新的结构性不平等的制度外衣。

三、出版主权与"知识去殖民化"的战略路径

面对当前出版格局中的结构性不平等与话语边缘化，越来越多的发展中国家开始意识到构建自主出版体系、重塑学术传播主权的重要性。这种趋势被称为"知识去殖民化"（Decolonization of Knowledge），旨在通过知识生产和传播方式的自主化，摆脱对欧美出版体系的过度依赖。

一方面，一些国家积极发展本土OA平台和学术数据库。SciELO（Scientific Electronic Library Online）是一个拉丁美洲地区的重要开放获取平台，旨在提高该地区学术成果的可见度和影响力。截至2019年，SciELO网络已涵盖17个国家，收录了超过1200种期刊，每年发布约5万篇新文章。这些期刊覆盖多个学科领域，包括健康科学、人文科学、应用社会科学和农业科学等。此外，SciELO强调多语种传播，约42%的文章以英语以外的语言（如西班牙语和葡萄牙语）发表，显著提升了非英语学术成果的全球可见度。[1]

---

[1] A. L. Packer, "The SciELO Publication Model as an Open Access Public Policy", SciELO in Perspective, 2019.

另一方面，国际间的"南南合作"在学术出版领域也日益增强。部分新兴经济体正尝试通过出版联合体、数据共享联盟、区域期刊互引机制等方式，构建跨国的出版协同网络。中国在这方面也逐渐发力，推动"中国科技期刊卓越行动计划"、建设国家高水平开放获取平台等，提升本土期刊的国际影响力与平台化能力。

此外，从评价体系层面推动话语体系多元化也至关重要。当前"以影响因子论英雄"的出版评价标准显然对发展中地区不利，应逐步推动包容性、多维度的科研评价机制，如考虑本地贡献、社会影响力、多语种传播能力等，打破西方单一指标主导的评价体系。

国际出版格局的分化与再平衡，既是全球知识生产权与传播权重新分配的体现，也是当前技术革命与文化自觉双重作用下的历史契机。面对日益复杂的国际出版生态，发展中国家必须在提升出版能力、完善政策制度、强化合作机制等方面持续发力，真正实现从"内容提供者"到"知识建构者"的身份转变。与此同时，国际社会也应推动出版规则更加公平、开放与包容，让学术成果的传播回归其服务人类共同进步的初心。

第五节　上海学术出版的国际交流合作

党的二十大报告强调了提高国际传播能力与效率的重要性，倡导建立与我国综合实力和国际影响力相应的话语体系，促进全球文明对话，加速中华文化的国际传播。学术出版作为国家文化外交的关键一环，不仅彰显了中国在自然科学研究与哲学社会科学领域的卓越成果，而且是增强国际学术影响力的战略途径。上海学术出版业作为中国学术传播的重要阵地，近年来在数字化转型、国际化发展和内容创新等方面取得了夺目成绩。随着数字技术的发展，上海学术出版业积极拥抱电子书、在线数据库和期刊等数字化产品，有效提升了学术成果的传播效率和可获取性。通过 AR、VR 等新兴技术的应用，为读者带来了全新的阅读体验。[1]

一、上海学术出版发展实践

上海学术出版在数字化转型方面走在前列。随着大数据、云计算、人工智能等新技术在出版业的广泛应用，上海出版机构通过致力打造学术精品，拓展了国际合作的空间，并通过建设学术出版数字平台，不断开发知识服务、在线教育、虚拟图书馆等多元化产品，极大地提升了学术出版内容的生产效率和传播范围。同时，上海高校云集，大学出版社正依托高校学术资源，打造学术出版高地。

（一）致力打造优质学术精品，拓展国际合作空间

上海作为我国学术出版的重要窗口，不断在国际舞台上展现其独特的魅力与实力。华东理工大学出版社出版成果——"公共经济与城市社会治理创新研究丛书"的英文版，成功跨越国界，由国际知名出版机构施普林格·自然出版集团引进并出版，是上海学术出版在国际合作领域取得的又一丰硕成果。

---

[1] 柯平、彭亮：《图书馆高质量发展的赋能机制》，《中国图书馆学报》2021 年第 4 期。

Public Economy and Urban Governance in China（"公共经济与中国城市治理"丛书）是华东理工大学出版社与施普林格·自然出版集团深度合作的结晶。丛书于 2024 年 1 月正式面世，展示了中国学者在公共经济与城市社会治理领域的研究成果，为国际学术界提供了深入了解中国社会治理实践的宝贵资料。该丛书相继获得国家出版基金及上海高校服务国家重大战略出版工程的资助，充分体现其学术价值和社会意义。

此次学术出版国际合作的成功经验，得益于华东理工大学出版社对学术出版质量的严格把控和对国际市场的敏锐洞察。出版社通过与国际知名出版机构的紧密合作，不仅将中国优秀的学术成果推向世界，也为中国学者提供了更广阔的学术交流平台。同时，这也为上海学术出版未来的发展积累了宝贵的经验，即坚持开放合作、注重学术质量、紧跟时代潮流，才能在国际出版舞台上大放异彩。综合利用上海优势，上海出版机构正积极跨界整合资源，探索数字出版融合之路。

（二）建设学术出版数字平台，优化学术出版流程

上海不少出版机构近年来纷纷建设学术出版数字平台，以新质生产力推动学术出版转型升级。上海大学期刊社通过实施"融合出版＋集群建设"的数字化出版战略，积极拥抱大数据和人工智能技术，以提升期刊的策划组稿质量、学术内容质量、编辑加工质量、印刷出版质量、传播质量及服务质量。[1]

---

[1]　顾青：《媒体融合背景下学术期刊的"数字化"转型发展——上海大学期刊社的实践与探索》，《传媒》2022 年第 10 期。

　　基于在线投稿、审稿和远程编辑系统等数字化建设 1.0 版，期刊社自 2018 年起进入 2.0 版建设阶段，推出"两微一端"数字平台，通过国际视频会议等形式加强与国际学术界的直接交流。新型出版模式突破了传统学术期刊的时空限制，显著提高了出版工作的国际化水平。特别值得注意的是，上海大学期刊社成立了"期刊融合出版实验室"，研发智能管理系统，实现期刊资源的集群化和数据库化管理。这种集群化的智能系统不仅提高了管理效率，还实现了出版资源的高效整合，为作者、编委和读者提供了更加便捷的服务平台。这种技术驱动的数字化转型，不仅优化了出版流程，还推动了学术出版的质量和效率双提升。上海大学期刊社还深入探索富媒体出版形式，将增强现实（AR）、可视化出版等技术融入学术出版中。例如，《上海大学学报（自然科学版）》通过 AR 技术再现老电影修复过程，为学术内容赋予了更加直观、生动的表现形式。这种增强出版方式，不仅丰富了学术成果的展示手段，还为读者提供了沉浸式的交互体验，大大提高了学术传播的开放性和多样性。

　　上海大学期刊社的数字化出版实践表明，技术不仅是优化出版流程的工具，更是推动学术出版创新的重要引擎。通过拥抱新兴技术、优化出版流程、拓展国际合作，上海学术出版业在数字化时代成功构建了自身的竞争优势，同时为全球学术出版的未来发展提供了独特的"中国方案"。

（三）依托高校学术资源，打造学术出版高地

　　华东师范大学出版社作为中国大学出版社的典型代表，在学术出版领域展现出独特特点和显著成效。其最大的优势在于依托母体大学

丰富的学术资源和优质的作者团队，形成了与学科建设紧密结合的出版格局。出版社长期致力于服务高校学术，将大学的学术资源有效转化为出版资源，并着力打造特色学术出版品牌。例如，依托教育部人文社科重点研究基地——华东师范大学中国文字研究与应用中心的强大学科优势[1]，出版社在文字学出版领域取得了突出成绩，出版了《中古汉字流变》《中国文字发展史》等一系列重要著作，为中国文字学研究学科建设作出了贡献。同时，出版社还聚焦优势板块，构建专业学术出版格局，例如成立教育学出版中心，打造"教育科学"学术出版品牌，策划实施"中国教育出版工程"等一系列重大项目，为中国教育改革发展提供理论指导和经验支撑。此外，华东师范大学出版社还积极推进出版融合发展，打造引领中国教育出版的"融合发展平台"[2]，通过数字化手段将学术优势转化为出版优势，并推动中华优秀传统文化的创造性转化和创新性发展。同时，出版社还积极实施"走出去"战略，通过多种平台输出优秀版权项目，推动特色学术出版"走出去"，增强中国在国际上的学术话语权。[3]

（四）跨界整合资源，探索学术出版融合之路

上海人民出版社通过跨"界"策略，打破了传统学术出版的思维局限，实现了资源的高效整合与交叉渗透，为产业增值与繁荣开辟了新路径。

---

[1] 王焰、朱妙津：《深入贯彻学习习近平文化思想　持续推进学术出版繁荣发展》，《编辑学刊》2024 年第 4 期。

[2] 郝天韵：《强强联合蓄力文化"出海"》，《中国新闻出版广电报》2023 年 8 月 4 日。

[3] 王健、崔璨：《以用户为中心，构建教育出版生态圈——以华东师范大学出版社教育出版融合发展为例》，《出版广角》2022 年第 23 期。

上海人民出版社重视跨出版社合作，不断重构出版营销生态，共筑出版双赢格局。在畅销书《分析与思考》的营销实践中，上海人民出版社通过与虎嗅、经科网等社群媒体及中信出版社的紧密合作，构建了多维度的营销网络。该合作模式既拓宽了书籍的读者范围，又促进了出版资源的共享与互补，实现了营销效果的最大化，为双方带来了显著的经济效益与社会影响力，是学术出版界营销创新的重要尝试。

此外，上海人民出版社勇于跨行业合作，与美团外卖、亚朵连锁酒店、上海邮政等非传统图书销售行业展开合作，探索图书及衍生品的多元化销售渠道。这种跨行业合作能够丰富图书的销售场景，极大提升消费者的购买体验，为出版业经济发展带来新的增长点。

同时，在数字化转型的大背景下，上海人民出版社积极尝试跨介质合作，与阿基米德等平台合作推出云图书馆项目，将传统出版内容转化为有声产品，进一步拓宽了内容的传播渠道与表现形式。上海人民出版社还携手学林出版社、科大讯飞等机构，共同开发 AI+VR 智慧党建虚拟展馆项目，将学术研究与数字技术深度融合，为党史学习教育提供了新的载体与平台。这些跨介质合作提升了出版内容的附加值，也为学术出版业的未来发展指明了方向，即构建以数字技术为支撑、以用户需求为导向的智慧出版新生态。[1]

二、国际学术出版业对上海出版业的转型启示

在全球数字化转型的浪潮中，国际学术出版业已经走在了创新发

---

[1]《上海人民出版社：高质量出版工作服务国家战略》，载易文网，2021 年 2 月 5 日。

展的前沿，涌现出了一批借助先进技术实现流程优化和效能提升的标杆案例。这些案例不仅为全球学术出版提供了有益的参考，也为上海这样一个科技与教育资源发达、国际化程度高的地区提供了借鉴。随着数字出版技术的快速进步，上海出版业正面临着重要的发展机遇。在这种背景下，借鉴国际学术出版业的先进经验，探索适合上海本地特色的转型升级路径，显得尤为必要。以下将从四个方面详细阐述如何将这些经验应用于上海的学术出版转型。

首先，上海可以借鉴国际学术出版平台在智能化计算方面的经验，通过技术手段全面提升学术出版的服务能力。以威立公司为例，该公司已经在利用 AI 算法自动生成多维度的文献摘要，极大地提高了文献的可读性和信息提取的效率。上海的出版机构可以开发类似的智能摘要生成系统，以帮助学者和研究人员更快速地获取关键信息。这种智能摘要系统不仅能够提炼文章的核心内容，还能够根据读者的需求生成不同维度的摘要，如图表、关键词或研究方法的摘要，使得不同领域的读者可以更有针对性地获取信息。与此同时，上海可以在此基础上进一步扩展，将数据挖掘与机器学习相结合，打造智能化的知识组织系统。这一系统可以像爱思唯尔的 Science Direct 平台一样，通过跨文献的内容自动分类与聚合，帮助用户在浩如烟海的学术文献中快速定位所需的信息。例如，Science Direct 的 Topics 智能服务已经能够为用户提供精准的概念解释和相关文献推荐，上海的出版机构也可以开发类似功能，为用户提供定制化的学术服务，提升学术研究的效率和质量。

其次，上海的学术出版业可以积极发展开放获取平台，打造一个透明、高效且可信的学术环境。国际出版巨头爱思唯尔和施普林格·自然在开放获取（OA）领域的创新实践为上海提供了宝贵的借鉴经验。爱思唯尔通过收购 SSRN 等开放获取平台，将预印本服务与期刊出版紧密结合，不仅提升了稿件处理的效率，还增加了学术成果的可见性。施普林格·自然则通过推出变革性协议（TA）和变革性期刊（TJ），在全球范围内推动 OA 出版模式的发展。借鉴这些经验，上海可以利用其丰富的科技和教育资源，搭建一个具有国际竞争力的开放获取平台。上海可以推动开放同行评议模式，通过开放化的评审流程提高学术出版的透明度和公信力，从而吸引更多高质量的学术成果在此平台上发表。通过这些措施，上海不仅可以提升自身在全球学术出版领域的影响力，还可以促进国内外学术交流的深化，推动全球学术资源的共享与合作。

　　第三，上海的出版机构应积极构建面向广泛群体的学术社交媒体平台，促进学术内容的广泛传播。在全球范围内，学术社交媒体平台正在成为学术出版的重要组成部分，尤其是在科研人员与公众之间搭建沟通桥梁方面具有重要作用。爱思唯尔收购的 Mendeley 平台，不仅为全球科研人员提供了文献管理和成果分享的工具，还通过与 Science Direct 的对接，帮助科研人员建立个人学术社交网络。施普林格创立的 Research Square 平台则兼具预印本服务和学术社区功能，推动了学术成果的传播和大众化。上海的出版机构可以开发类似的平台，利用数字化技术和社交媒体的传播优势，为科研人员提供多功能的学术交流平台。通过这一平台，上海可以增强科研人员之间的互动与合作，促进科研成果的传播与推广，并通过社交媒体的形式扩大科研成果的影响力。这一举措不仅有助于提升上海的学术影响力，还能推动更多高水平的研究成果进入国际视野。

最后，上海在推动学术出版转型的过程中，应特别重视著作权的管理与保护。学术出版的健康发展离不开健全的版权管理机制。欧美发达国家已经建立了相对成熟的著作权贸易市场，如美国的版权结算中心（CCC）和英国的版权许可代理公司（CLA），这些机构通过Rights Link 等先进系统，为出版机构和科研人员提供专业的版权管理服务。国际上的大型出版集团也都依托这些系统进行版权管理，以确保学术内容的合法使用和版权保护。上海的出版机构可以借鉴这些经验，建立完善的版权管理体系，确保在推动数字化和平台化转型的过程中，学术资源的版权能够得到有效保护。通过引入 Rights Link 等系统，上海的出版机构可以更好地进行版权交易和授权，避免知识产权纠纷，同时促进学术内容的合法合规使用。这将为上海学术出版的国际化发展提供有力的保障，助力上海在全球学术出版领域取得更大的成就。

综上所述，上海可以通过借鉴国际学术出版业的成功经验，在智能化计算、开放获取、学术社交平台构建以及版权管理等方面进行深入探索和实践。这些措施不仅能够提升上海在全球学术出版领域的竞争力，还将促进学术资源的广泛传播与有效利用，推动全球学术交流的进一步深化。通过不断创新与优化，上海有望成为全球学术出版转型的引领者，为全球知识传播与学术发展作出更大的贡献。[1]

---

［1］　王孜、张德发、闻丹岩等：《英文科技期刊集群化建设路径研究》，《中国科技期刊研究》2024 年第 6 期。

第三章
数字时代的畅销书与阅读：大众出版业的挑战与革新

依据近五年国际出版商的业务布局与发展趋向，在 2018 年到 2022 年这段时期，全球出版业遭遇了明显的变化与挑战。传统图书市场不断走向衰落，数字阅读、有声书等新兴内容媒体正逐步分散用户的注意力。互联网经济的迅猛发展使消费者的生活习惯产生了改变，数字化阅读成为主流趋势，传统出版业有着迫切的转型升级需求。新冠疫情对全球出版造成了严重冲击，全球出版市场及实体书店均经受巨大挑战。同时近几年变化多端的国际局势也对不同国家和地区的出版业产生了影响。

在新冠疫情席卷全球后，全球出版业需要思考如何应对疫情带来的中短期冲击；从长远角度，则应将重点放在如何激活暂时停滞的市场上，如何刺激读者的阅读习惯和应对消费习惯的改变，以及如何应对新的出版形势。美国、日本、德国、英国、法国作为全球的出版大国，本章通过分析近五年（2018—2022）五国的大众出版业和大众阅读的发展，总结大众畅销书和实体书店发展趋势，以供业界参考。

第一节　2018—2022 年国际大众出版市场发展概况

一、大众出版遭遇挑战但仍有红利

2020 年伊始，新冠疫情给全球范围内的大众出版业造成了极为严重的冲击。一方面，出版产业链的各个环节均受到阻碍，从选题策划、编辑制作到后期排版等流程，都因种种限制而无法顺畅进行；另一方面，出版物的流通环节也面临重重困难，运输受阻、仓储受限等问题频繁出现。这些不利因素直接引发了图书市场的一系列连锁反应，图书销量大幅下滑，出版商的收入也随之锐减。与此同时，由于图书行业的停滞和国际书展等活动的取消，使得不少出版企业被迫调整出版计划，出版交流减少，出版人面对面交流机会大大降低。不过，在新冠疫情期间，居家隔离的环境点燃了世界各地读者的阅读热情，也为大众出版带来"新冠红利"。同时互联网时代的到来，促进了网上零售业的快速发展，催生了新的商业形态、消费格局、消费模式。

大众出版是国际出版市场最重要、最活跃的板块之一。据美国出版商协会（AAP）公布的数据，2021 年美国出版业收入增幅超过 10%，其中大众类图书增长超过 11.8%；根据英国出版商协会（PA）发布的数据，2016—2020 年英国出版业大众类图书呈增长趋势，而学术和教育类图书五年的下降总幅度超过 10%。

二、数字出版快速发展，有声书成为最具潜力板块

2020 年受到新冠疫情的影响，线下购书变得越来越困难，实体书店受到的威胁越来越严重，人们对电子书、在线购书的需求增长，国际数字出版业迎来久违的增长阶段。美国的电子书出版收入在 2020 年达到 11 亿美元，大幅高于疫情暴发前 2019 年的 9.833 亿美元。其间有声读物不仅在市场体量和出版规模方面实现突破，在有声书使用习惯方面也发生较大改变。[1] 爱迪生研究公司（Edison Research）关于有声书消费情况的一项调查结果显示，2020 年美国有声读物最大的变化就是占比最大的收听场景由车内变为家中。有 55% 的受访者表示 2020 年最常在家中收听有声书，这一数据在 2019 年为 43%；有 30% 的受访者表示 2020 年最常在车内收听有声书[2]，较 2019 年下降 11 个百分点。由于民众居家办公，外出通勤的机会大幅降低，因此车内不再是有声书听众的最佳收听场所。除此之外，很多读者认为选择收听有声书的主要原因是想摆脱对电脑、手机和电视等电子屏幕的依赖。五大出版集团一直对数字出版较为重视，新冠疫情期间，全球的数字出版快速发展。同时，各大出版集团也积极与线上书店、音频出版商进行合作，推出新的营销方式，具体表现为有声书的异军突起。有声书是数字出版重要的分支之一，也是数字出版中

---

[1]　国际数字出版产业发展报告课题组、林晓芳、王壮：《国际数字出版产业发展报告：美英澳篇》，《数字出版研究》2023 年第 2 期。

[2]　张晴：《2020 年美国出版业发展报告》，《印刷文化（中英文）》2022 年第 2 期。

最大的增长点，而疫情则进一步刺激了有声书市场的发展。

三、线上零售加速发展，新业态和消费模式正在形成

全球性的新冠疫情蔓延极大程度地改变了人们的阅读习惯。在此期间，社交媒体的用户数量呈现出迅猛增长的态势。由于社交媒体的广泛传播性，图书营销在这一平台上取得了显著的效果，进而有力地带动了图书的销售业绩。以 BookTok 平台为例，在过去的几年时间里，它逐渐积累起了强大的影响力，使得一些原本在市场上默默无闻的书籍，能够借助该平台的推广迅速获得大量读者的关注，从而提升销量。

BookTok 原是 TikTok 平台上的一个热门话题，以读书为主。在 2019 年，它还只是一个阅读量不到 1000 的小话题，然而经过近四年的发展，其浏览量已经超过了 1646 亿次，相关讨论超 269 亿次，数百万本书依靠其被销售出去，《纽约时报》也将 BookTok 称为"畅销书神器"。来自美国图书出版业统计机构 NPD 统计显示，在 2021 年，BookTok 平台展现出强大的带货能力，助力实现大约 2000 万册的图书销售成绩。这一销售数量在当年图书销售总额中所占比例超过了 2.4%，并且在全年通过社交媒体渠道所实现的图书购买量中，BookTok 的贡献接近一半之多。这一数据直观地体现了 BookTok 平台在图书销售领域的重要影响力，也凸显了社交媒体在图书行业营销与销售环节中日益关键的地位。

在新冠疫情期间加速发展的线上零售业和 BookTok 现象揭示了新媒体平台对图书出版和销售领域的深远影响。这种趋势不仅改变了

图书的营销和销售策略，也促进了阅读文化的多样化和全球化。通过社交媒体，尤其是 BookTok 这样的平台，图书推广变得更加个性化和互动化，使得读者能够直接参与到书籍的推荐和评价过程中。这种参与度的提升进一步激发了人们的阅读兴趣和购买欲，特别是对年轻一代消费者而言。BookTok 的崛起还体现了社交媒体在建构当代阅读趋势和偏好中的关键作用。通过展示个人阅读体验和分享书籍推荐，BookTok 创建了一个全新的阅读社区，促进了读者之间的交流和互动，加深了读者对图书内容的理解和欣赏。这种社区的力量不仅能够让某些图书成为热门话题，还能挖掘和提升那些原本不为人知的作品，给予新作者和小众书籍更多的曝光机会。

第二节　大众出版发展策略案例分析

一、企鹅兰登出版集团：全球布局，数字化转型

企鹅兰登是在 2013 年由德国贝塔斯曼旗下兰登书屋和英国培生公司的企鹅出版社组成，是全球最大的大众畅销书图书出版集团。自 2018 年到目前为止，其出版业务整体发展状况良好，原因可以概括为两方面，首先公司在新、旧版图书的发行上结构较为合理，销量继续保持平稳；其次公司在有声书的建设上下了很大的工夫，现在已经基本上覆盖了各个类别的图书。如今企鹅兰登还在不断地投入数字出版，目前已经建立起一个很好的出版生态，再加上最先进的物流配送体系，公司正加快从一个传统的出版商变成一个网络内容发布者和提供商。

新冠疫情重新燃起了读书的热潮，企鹅兰登销售量也因此在2020年迎来了大幅增长。公司致力于寻找和开发可以提高阅读经验的战略与技巧，从而扩展读者群体，并长期保持他们的读者黏性。相对于2022年，2023年全球图书市场总体上趋于平稳，这对于后疫情时代的书籍市场而言是一种正面的迹象，企鹅兰登在2023年上半年的运营利润也有所增加。

2023年间，企鹅兰登接连出手，将数家小型公司纳入麾下。通过这一系列收购举措，企鹅兰登得以在多个关键出版领域强势发力，进一步拓展版图。在有声书领域，不断整合资源，丰富内容生态；在儿童读物方面，积极吸纳多元创意，优化产品线布局。针对数据驱动出版方案，大力引入先进技术与理念，推动出版流程的智能化革新。在2023年企鹅兰登所收购的几家小公司里，涵盖了独立出版商书源（Source books）、专注于非小说类作品的出版商Callisto、西班牙的独立出版商Roca Editorial，以及美国有声读物公司Playaway Products等。这些收购进一步丰富了企鹅兰登的业务版图和内容资源。在畅销书市场方面，企鹅兰登推出的一些作品收获了广泛关注与欢迎。比如哈里王子的回忆录《备胎》(Spare)，凭借其独特的视角和背后的故事吸引了大量读者；艾米丽·亨利（Emily Henry）的新书《快乐之地》(Happy Place)，以其精彩的情节和细腻的情感描写，赢得了众多书迷的喜爱；还有詹姆斯·克利尔（James Clear）的《原子习惯》(Atomic Habits)，作为一本关于习惯养成的佳作，以其实用的理论和方法，成为了不少读者自我提升的选择，在市场上热度颇高。

电子图书市场的繁荣对纸质图书的销售产生了一定的影响，特别是在新冠疫情的影响下，纸张和印刷等相关费用的增加，使得实体图书的市场状况变得更加严峻。因此，企鹅兰登试图在全球范围内发行内容，并提供国际化的服务，在出版的过程中，更多地关注视频、游戏或 App 等多媒体产品，从而将版权内容的价值链延长。其母公司贝塔斯曼业务涉及广播、电视、杂志、音乐和物流等多个领域，这使得企鹅兰登在世界各地发现的新书、新书，都能为世界各地的读者带来新的阅读体验。

企鹅出版和兰登书屋合并后，共同拓展了有声图书的业务，加速数字化转型，形成了一种独特的图书出版方式，成为世界上首屈一指的有声图书出版公司，它采用了目标消费者战略、营销推广战略等各种手段，将优势资源聚集起来，到目前为止，已经获得了不少国际大奖。

总的来说，企鹅兰登的改革趋势不仅是对自身业务模式的调整，也是对全球出版业未来发展的前瞻性探索，其融合发展和改革趋势在多个层面展现出实践意义。通过数字化转型，公司不仅扩大了其在电子书和有声书市场的份额，还在多媒体产品领域开辟了新的增长点，这使得企鹅兰登能够在面对纸质书市场挑战的同时，拓展其版权内容的应用场景。此外，战略性收购和全球市场扩张强化了其在特定细分市场中的竞争力，尤其是在儿童读物、有声书和数据驱动的出版解决方案方面，这些措施有助于公司在全球范围内实现内容的多元化和本地化，从而提升其市场适应性和创新能力。在实践层面，企鹅兰登通过整合贝塔斯曼在其他媒体领域的资源，使得新书能够以多种形式更广泛地传播，这不仅提升了读者的阅读体验，还有效地延伸了内容的生命周期。

二、亚马逊（Amazon）：服务细节，技术支持

新冠疫情发生以来，美国的电子商务迅速发展，网上书店的销售规模也在不断扩大。根据美国出版商协会统计，美国在线销售额于2020年首次占据了出版社总收入的半数，美国出版商在网上的销售额比传统的书店销售额多出了一倍左右。而在2020年美国纸质书的不同销售渠道中，亚马逊所占市场份额为54%[1]，几乎为断崖式领先。目前，亚马逊在售电子书种类繁多，涵盖科技、社科、经管、少儿、小说、网文、漫画等不同品类畅销书。[2]

最初，亚马逊出售图书只是为了吸引顾客，吸引其获取会员资格。亚马逊首次发布 Kindle 电子阅读器时，美国图书出版业规模比亚马逊大了一倍，而如今只有亚马逊的十分之一，书籍对于亚马逊来说战略价值不再凸显，亚马逊开始进军广告、影视、新鲜食品等领域。

2008年，亚马逊预见到了有声书的未来，收购了有声书运营商听讯（Audible），以其雄厚的财力和丰富的版权资源，全面充实听讯的内容[3]，在短短数年时间里，就成长为美国最大的有声书销售平台。亚马逊的有声书产品种类繁多，是任何一家有声图书公司都无法比拟的，在细节服务上非常重视。以听讯公司的内容制作平台 ACX

[1]　练小川：《亚马逊与美国出版业》，《出版参考》2022年第10期。
[2]　张昭：《数字出版背景下电子书平台运营模式及发展趋势探究》，《中国编辑》2022年第5期。
[3]　易晓艳、欧勤扬：《基于新媒介技术的美国有声书产业发展分析》，《出版广角》2019年第6期。

为例，它为作者、作品、读者、三方组织等提供了一个交流的平台，亚马逊不参与出售，而只是提供一种服务，所以它将很多音频书籍产业链上的各个环节都吸引了过来，对其以后的商业运作起到了很大的支撑作用。与此同时，亚马逊为用户提供了从浏览、购物到售后的服务，大大增加了用户对它的兴趣。

截至 2023 年 2 月中旬，亚马逊 Kindle 书店里的 200 多种图书以 ChatGPT 作为作者或者合著者，亚马逊还推出了一个新的分类：专门介绍 ChatGPT 用法的指导书。但是因为 ChatGPT 的本质，而且很多作家并没有公开他们在使用这个工具，所以很难得到人工智能创作电子书数量的完整数据。受这一事件的影响，科技界掀起了一股热潮，投资人纷纷把钱投向人工智能领域的新兴企业，这也给新技术企业注入了新的活力。

三、抖音海外版（TikTok）图书社群 BookTok：流量营销，算法独特

最近几年，短视频平台已经成为潮流的"风向标"，其涵盖的范围也越来越广，从单纯的影视、音乐、游戏等泛娱乐，扩展到了更具有教育性和知识性的内容。BookTok 是抖音海外版 TikTok 上与图书有关视频的聚集地，从 2020 年 4 月开始形成阅读社区。BookTok 用户群的火爆，不但引发了一股青少年的阅读风潮，同时也促使许多出版公司对新流量时代的变革进行了反思。在这个平台上，使用者们可以抒发自己的阅读感受并和他人一同引起情感上的共鸣，这会对高质量大众图书的宣传和传播起到直接和间接的推

动作用。

BookTok 的崛起点燃了长期沉睡的传统出版业的生机，同时也促使出版商和实体书店的运营商加快了网络营销的转变。许多图书都是在 BookTok 用户的推荐下获得了极大的关注，这些书中有很多都是充满了情感和浪漫色彩的畅销书，也有一些意义深远的经典作品。BookTok 有一个很大的读者群，如果一位有影响力的创作者向用户推荐一本书，TikTok 的算法就能保证不需要用户自己去搜索，便会出现在其订阅列表中。

在书籍出版上，像是企鹅兰登这样的大型出版公司，会和内容创作者们一起，从写书到出版推荐，形成一套完整的生态链。企鹅兰登是第一个在 TikTok 上试水的出版公司，除了自己的账号之外，还与 BookTok 上的很多创作者都有合作，他们会定期将自己的书寄出，并邀请他们拍摄相关视频，甚至还建立了美食书吧、犯罪小说书吧等小众社区，保证每一位有特别爱好的读者都能找到自己的社交空间，让他们变成一个长期的使用者。

BookTok 有两大优势：一是它的社交媒体逻辑，包括书籍推荐算法以及用户交互；二是以作者的理解为基础，通过对作品的理解、阐释、优化等"个性化处理"，使其对小众读者产生更大的冲击。BookTok 以其鲜明的内容、"病毒式"的传播方式，建立起了一种新的"网络阅读俱乐部"。平台创作者的作品如果吸引读者，平台会根据创作者制作的视频资料形成流行趋势（trends），让读者按照流行趋势去买书，商家就此给消费者推荐合适的产品，这就为书店构筑了一个有效的盈利途径。

此外，BookTok 也培养了读者的阅读习惯。一项对 16—25 岁年龄段人群进行的调查显示，有 59% 的受访者称 BookTok 有助于提升他们的阅读兴趣。在社群中，他们拥有自己的话语法则，逐渐发展出独一无二的文化标签，并因此而产生一系列的文化现象，从而扩大了原有文化圈子的影响力与传播能力。作家们还可以通过在 BookTok 上发布一些视频来提高自己的曝光率，把那些被"掩埋"的书籍带回人们的视野；也可以把自己的创作计划贴在网上，让读者给出建议，如此增加读者对这本书的反馈。

BookTok 的创作者想要建立一个合理的协作机制，促进图书的多元化，而其受欢迎的原因在于它的自发性和自主性，社区成员对自己有很强的认同感和归属感，他们会自发地维持自己的社区秩序，而这些具有很高独立性的社区成员也使得他们在社区中发布的视频都带上了很强的个性化标签。从这一点也可以看到 BookTok 具有高度分散性，这就使得创作者们很难找到一种一致且公平的支付方式，毕竟不同的作者对于稿费有着很大的要求，而 BookTok 现在的推广方式，就像是在为出版商提供免费营销。

因此这一模式的核心问题就在于创作者怎样在 BookTok 上得到公正的图书交易、广告机会以及合理报酬。创作者们表示，他们希望得到出版商的认同，尽管他们有些并不为稿费而来，但是在出版商认可创作者在社交媒体上的能力与影响力时，那么其稿费自然也应随之而来，毕竟创作者的确为出版商卖出了不少书。所以随着 BookTok 新一轮的成长和发展，创作者和出版商之间若要顺畅协作，那么薪酬问题也许才是 BookTok 下一步要解决的问题。

四、听讯（Audible）：整合环节，打造 ACX 自助出版平台

听讯是有声书行业中的领跑者，具有一定的影响力。据美国图书馆协会的一项报告显示，美国有 30% 的 Z 世代人群订阅听讯，而千禧一代订阅率则达到了 38%。根据 Audible Compass 在 2023 年的调查，81% 的巴西人认为有声读物可以帮助他们减少屏幕时间，而 95% 的受访巴西人认为他们可以通过听有声读物来消费更多的书籍。而在成立的 26 年内，听讯先后在德国、英国、法国、澳大利亚、日本、意大利、印度、西班牙、巴西都推出了声音服务，逐渐完善其在全世界范围内的产业布局，占据全球有声市场地位。

在内容制作方面，听讯奉行以人为本的原则，坚持以客户为中心、从文化和技术中汲取灵感，专注声音的服务与创造，不断推出精品内容，获得了全球有声市场的认可。同时，听讯推出了数万种优质有声读物，共计 24 个类别，针对不同品类不断开发优质产品，实现内容的独特、多样，独具竞争力。

早在 2011 年，听讯就推出了自助出版平台 Audiobook Creation Exchange（ACX），为听讯、亚马逊和 iTunes 等平台提供有声读物。经过几年时间的发展，ACX 已经拥有超过 100 万名的叙述者，其中还包括了专业的声音演员。用户可以选择作为作者、声音叙述者、出版商、代理人、工作室的身份登录自助出版平台，根据自身需要寻求有声内容的合作，这也为独立的有声内容的出版提供了便利。

ACX 发展的过程与有声平台注重内容的趋势息息相关。在营销方面，听讯在 2023 年上线了 Indie Lit 这一面向听众的独立登录页面，

专用于 ACX 的内容分发、展示，覆盖了数百万听众，有着巨大的流量潜力；同时，听讯也推出了关注作者以及建立粉丝群的功能，为作者的新作品获得持续的关注提供帮助。在版税分成制度方面，ACX 规定如果作者选择由其独家销售，就能够获得 40% 的版税，反之则获得 25% 的版税。听讯凭借有益于作者的版税制度和得天独厚的营销优势，获得了大多数作品的独家销售权，进而能够建设起独家内容优势，从而吸引更多的用户使用，构建起"内容—用户—作者—内容"的闭环。

听讯在 2018 年开始寻求与作者直接联系签署版权合同[1]，这样的行为能够让有声内容在生产中绕过出版商和经纪人，简化了出版环节，有利于作者进一步掌控图书并获得更多利益。这也让听讯从平台向出版商转变，逐渐实现出版商与经销商身份的合一。产业链条的变化让听讯能够进一步收拢内容版权，为其优质内容的生产以及全产业 IP 的开发打下了基础。

在音频制作方面，听讯创建了 Audio Lab 智能检测系统辅助人工审核处理庞大数量的生成内容，Audio Lab 能够根据音频提交规范来检查音频质量。通过获取音频的实时分析，制作者能够了解包括 RMS、峰值电平、比特率、间距在内的 8 个重要指标。将 AI 引入到音频审核环节，与人工审核相结合，能够提高音频制作的效率，降低制作成本，体现出先进技术正不断被引入到音频制作的环节之中，为有声内容的发展带来新的面貌。

---

[1] 刘娟、付晓静：《减法思维：有声读物平台 Audible 的营利策略及其启示》，《科技与出版》2022 年第 10 期。

技术的发展也可能带来更多的权益纠纷，听讯在利用技术进行功能迭代的同时也遭遇了困难与挫折。2019 年，听讯计划推出 Audible Captions 功能，它将实时生成有声内容字幕以供听众观看。这一举措一经宣布就遭到了出版商的反对，包括阿歇特、哈珀·柯林斯、企鹅兰登书屋在内的 7 家美国出版商协会（AAP）的成员公司作为原告对听讯提起诉讼。出版商认为该功能不同于沉浸式阅读中，读者如果要获得文本，不仅需要购买有声内容，也需要购买电子书的情况，听讯推出的有声字幕并未经过出版商的授权，其转录的文本内容侵犯了出版商的权益。虽然听讯声称该功能支持教育与无障碍阅读，但美国出版商协会在 2020 年的诉讼中获得了胜利，成功阻止听讯在未经出版商明确许可的情况下，在有声读物上生成其"字幕"功能的上线。

关于美国出版商协会和听讯的这场围绕着人工智能和知识产权而产生的纠纷，也恰恰说明了技术的进步为出版行业带来了更多的不确定性的变化，版权问题也变得更加复杂和多样。而这也进一步证明了拥有独立版权作品的重要性，也正因如此，听讯越来越重视优质原创作品的开发，不断为有声内容产业注入新鲜的血液。

第三节　国际大众出版发展趋势和国别特点

一、纸质与数字的共存与竞争

2016—2020 年期间，英国大众类图书纸质版的销售额增长

9.4%，而数字版销售额增长 31.9%，在这种态势下，英国大众类图书销售额总体增长 13.2%。大众类图书纸质版和数字版的总销售额在国内实现 11.5% 的增长，在海外实现 23.2% 的增长[1]，但纸质图书的销售额仍占据主导地位。

表 3-1　2016—2020 年英国大众类图书销售情况

（单位：亿英镑）

类　别	2016	2017	2018	2019	2020	5 年增减率
总销售额	18.82	19.23	19.22	19.88	21.21	+13.2%
纸质版销售额	15.65	16.17	16.00	16.52	17.12	+9.4%
数字版销售额	3.17	3.06	3.22	3.36	4.18	+31.9%
本土销售额	13.05	13.10	12.80	13.37	14.55	+11.5%
海外销售额	5.77	6.13	6.42	6.51	6.75	+17.0%

新冠疫情暴发后，几乎在一夜之间，数百万美国人从实体购物转向了网络购物。2020—2021 年，美国电子商务获得快速增长。同样，在图书出版业，新冠肺炎也刺激了网络书店销量的增长。2020 年，美国图书市场通过线上零售渠道的销售收入为 95.3 亿美元，同比增长 19.2%，从出版物的类型来看，精装书是线上零售渠道销售收入占比最大的板块，2020 年为 26.4 亿美元，占比 27.7%；平装书以 22.2 亿美元位居第二，占比 23.3%；电子书以 19.7 亿美元位居第三，占比 20.6%。[2]

---

[1]　甄云霞：《2016—2020 年英国出版业发展情况分析》，《印刷文化（中英文）》2022 年第 4 期。

[2]　张晴：《2020 年美国出版业发展报告》，《印刷文化（中英文）》2022 年第 2 期。

表 3-2　2016—2020 年美国各类大众图书销售额情况

（单位：亿美元）

类　　别	2016	2017		2018		2019		2020	
	收入	收入	年变化	收入	年变化	收入	年变化	收入	年变化
精装书	58.3	58.1	−0.3%	58.7	1.2%	56.4	−4.0%	61.7	9.4%
特殊装订	3.5	3.6	5.5%	3.7	1.9%	3.7	0.3%	3.8	2.3%
平装书	55.0	52.6	−4.4%	52.3	−0.5%	53.5	2.1%	54.7	2.4%
大众市场平装书	7.0	7.5	6.8%	5.5	−26.9%	4.5	−16.8%	4.3	−5.0%
实体有声书	1.8	1.6	−9.2%	1.2	−25.0%	0.9	−24.8%	0.6	−29.2%
可下载有声书	6.8	8.6	26.9%	10.4	21.2%	12.5	20.0%	14.2	13.2%
电子书	22.6	20.6	−8.7%	19.4	−5.9%	18.3	−5.6%	20.4	11.3%
其　　他	6.0	7.0	17.0%	7.0	−0.8%	7.4	5.9%	6.9	−6.8%
合　　计	160.9	159.6	−0.8%	158.3	−0.8%	157.3	−0.6%	166.7	6.0%

2020 年美国纸质书不同销售渠道的市场份额为：亚马逊 54%、独立书店 5.4%、巴诺书店 20.9%、大型连锁超市 12.7%、其他网站 6%，Bookshop.org 1%。[1]亚马逊的市场份额超过一半，表明无论出版纸质书、电子书或有声书，都离不开亚马逊。而现在以亚马逊为代表的科技公司正将目光投至其他更大的行业，试图从"全球最大的书店"变为"全球最大的商店"。

二、大型出版商垄断畅销书榜单

大型出版商对畅销书榜单的影响力日益增强，这一现象在全球范

---

[1]　练小川：《2021：美国大众出版兴奋的一年》，《出版人》2022 年第 1 期。

围内都有所反映。2019 年，《出版商周刊》公布的数据显示，全球畅销书排行榜中，有高达 92.5% 的畅销书出自五大出版集团之手，这一比例较 2018 年上升了 5%。这一趋势不仅在精装书市场显著，同样的情况也出现在平装畅销书领域。[1]这一现象反映出大型出版集团在资源配置、市场营销和分销渠道等方面的优势，使得它们能够在畅销书市场占据主导地位。

在法国出版业，这一趋势同样明显。大型出版商凭借其强大的市场运作能力和品牌影响力，继续保持着市场的支配性地位。以阿尔班·米歇尔出版社（Éditions Albin Michel）为例，该出版社在 100 种上榜小说中独占 26 种，总销售量超过 156 万册，这一成绩远远超过了其他竞争对手。这种市场集中度的提高，不仅凸显了大型出版商在内容生产和推广上的强大能力，也反映了读者对于知名品牌和高质量作品的偏好。[2]

然而，这种垄断现象也引发了对出版多样性和新作家成长空间的担忧。大型出版商对畅销书榜单的控制可能会导致市场上作品的同质化，限制了创新和多样性的发展。此外，新作家和小型出版社面临着更加激烈的竞争环境，他们的优秀作品可能因为缺乏足够的推广资源而被埋没。这对于出版业的长远发展和文化多样性的维护构成了挑战。

为了应对这一挑战，出版界需要寻求平衡，既要充分利用大型出版商的资源和优势，也要为小型出版社和新作家提供更多的支持和机会。这可能包括政策层面的扶持、市场机制的创新以及数字出版平台

［1］《国际四大出版市场 5 年寻变》，《中国出版传媒商报》2021 年 4 月 6 日。

［2］《2021 年度国际出版趋势报告·法国／意大利分报告》，《中国出版传媒商报》2022 年 11 月 24 日。

的发展，从而为不同类型的出版商创造一个更加公平和多元的市场环境。只有这样，出版业才能持续繁荣，为读者提供更加丰富多彩的阅读选择。

三、全流程的全球化战略

在世界主要图书输出国中，英国所占份额为 17%，高于美国（16%）、德国（10%）和日本（8%）。[1] 英国的出版业具有很强的国际视野和全球化意识，许多出版企业在图书的选题策划、书稿内容的编写上，都以国际化为主，根据不同的国家和地区，还会加入相关的内容，这也是为什么英国图书能在许多国家受到青睐的重要原因。例如企鹅兰登公司请来刘烨和黄磊等中国明星，为《小王子》等作品配音以增加图书在中国的销量。成功的国际化战略，使得海外业务在英国出版业的收益中占据了相当大的比重。据英国出版商协会统计，2016—2020 年，英国出版业国内销售额增长 7.2%，达到 25.48 亿英镑；海外销售额上涨 9.5%，增至 37.22 亿英镑。海外销售额在这五年间均超过国内销售额，反映出英国出版业对海外市场的依赖与重视。[2]

有声内容产业发展如火如荼，全球各大跨国集团都想分得一杯羹。例如听讯公司、企鹅兰登、利特雷斯集团（Litres）、Storytel 等大型跨国公司积极入驻有声内容产业，在全球范围内布局有声读物的

---

[1] 姚小菲：《"脱欧"后英国出版业的国际竞争力》，《青年记者》2020 年第 27 期。

[2] 甄云霞：《2016—2020 年英国出版业发展情况分析》，《印刷文化（中英文）》2022 年第 4 期。

公司和机构，积极研发当地特色产品并取得了较高的市场占有率。其中位居顶端的是听讯，它于 2018 年被亚马逊收购后，便在有声书市场形成了垄断性地位。进驻其他国家市场后，依据当地的语言习惯，在原开发的有声书产品的基础上适时补充以当地语言为陈述语言的有声书，进一步巩固了其全球范围内的地位。

四、社交媒体的营销价值愈发凸显

新冠疫情的蔓延给人们的阅读习惯带来了巨大冲击。在此期间，社交媒体用户数量急剧攀升。得益于社交媒体广泛的传播性和强大的影响力，图书营销取得了超乎预期的显著成效，进而有力地拉动了图书的销售增长。Tiktok 短视频平台目前拥有超过十亿的全球活跃用户，是海外用户最喜欢的应用之一。海外出版业也注意到 TikTok 平台上一个热门的分析图书与阅读的话题——BookTok，其在数字化传播生态中展现出强大的文化影响力与商业赋能效能。通过独特的内容传播机制与用户互动模式，BookTok 已积累起雄厚的平台势能，其多元的传播渠道、精准的用户画像以及高效的话题扩散能力，为那些长期处于学术与市场边缘、默默从事创作的作者开辟了新的上升通道。借助平台的曝光机会与口碑传播，这些作者得以突破原有的传播局限，实现作品销量的爆发式增长，进而跻身畅销书作家之列。在 BookTok 的成功营销案例中，科琳·胡佛（Colleen Hoover）的《莉莉的选择》（*It Ends With Us*）极具代表性。该书于 2016 年首次出版，起初在市场上反响平平，鲜有人问津。直至 2021 年，凭借 BookTok 平台的大力推广，其热度呈指数级攀升，成功跻身最畅销成人小说榜单。截至 2023 年，这部作品在全球范围内的销量已突破 400 万册，可见 BookTok 强大的传播力与带货能力。鉴于 BookTok 在图书推广与销售领域展现出的巨大影响力，实体书店也敏锐捕捉到这一趋势，并积极采取应对策略。诸多独立书店纷纷在店内设置专门的展示桌，精心陈列 BookTok 上热门的图书，同时将这些图书放置在橱窗或店内其他醒目位置，借助 BookTok 的话题热度，吸引进店顾客的关注，有效促进实体图书的销售，实现线上线下图书营销的有机联动。

社交媒体特别是 TikTok 上的 BookTok 现象的崛起，不仅标志着营销策略的变革，也预示着阅读文化和图书销售模式的转变。这种变化反映了数字时代下消费者行为的新趋势，即通过社交媒体平台进行内容发现和推荐的方式日益普及。BookTok 通过其独特的内容创造和分享机制，为图书营销提供了一个全新的渠道，这个渠道以其高度互动和个性化的特性，能够有效地增加图书的可见度和吸引力。随着社交媒体在人们日常生活中的角色日益重要，图书营销也必须适应这种新的消费环境。传统的营销方式如广告投放、书评发布等，虽然仍有其价值，但社交媒体平台提供的直接、互动的推广方式能更快地触及目标读者群，尤其是年轻一代。此外，社交媒体上的热门话题和"病毒式"传播效应，可以在极短的时间内极大提升某本书的知名度，这对于新作家和小众书籍尤为重要。

第四节　上海实践与国际启示

国际出版商协会（International Publishers Association, IPA）依据

出版内容与受众特性，将图书出版市场划分为大众出版、教育出版、专业出版这三大类别。其中，大众出版市场可进一步细化为虚构类、非虚构类以及少儿图书这三大板块。从全球多数国家的图书出版市场格局来看，大众出版不仅在市场份额中占据主导地位，而且增长势头最为强劲，已然成为支撑整体出版市场规模稳定发展的核心驱动力。上海大众出版业近年高歌猛进，不仅在图书质量上保持高水平，还涌现出众多原创佳作和畅销书籍，丰富了读者的精神生活。其图书种类齐全，覆盖了虚构、非虚构及少儿图书等多个领域，满足了不同读者的需求。同时，上海大众出版业在数字化转型方面也取得了积极进展，推动了电子书、有声书等新型出版形式的发展。

一、上海大众出版发展实践

聚焦上海大众出版发展实践，上海出版业正积极拥抱变革，关注读者阅读体验，持续推动编辑出版流程协同化。通过建立多层次出版交流合作，实现大众出版高质量"出海"。顺应网络文学蓬勃发展之势，重视特色化 IP 的开发与打造。同时，发掘版权经营市场，深研版权战略，实施综合性版权经营管理改革。

（一）关注读者阅读体验，持续推动编辑出版流程协同化

作为上海出版业的代表，上海世纪出版集团早在多年前便前瞻性地踏上了大众出版数字化的探索与实践之路。在国家"十二五"规划时期，集团就已敏锐洞察到数字技术的巨大潜力，将数字化战略确立为引领集团重组发展的六大核心战略之一。通过持续推动编纂平台的

创新研发、发布平台的优化升级、基础工具的自主开发、数字产品的创意设计、即时印刷与销售管理的全链条数字化转型，展现了集团在技术与应用层面的全方位布局与深厚实力。尤为值得一提的是，针对广大读者群体对于高质量、便捷化阅读体验的需求，上海世纪出版集团特别推出了"基于内容对象的协同编辑和动态出版的技术研究与系统开发"项目。该项目旨在打造一个面向作者与编辑的高效协同工作平台，通过先进的技术手段，实现内容创作、编辑加工、动态出版的一体化流程。这一平台不仅极大地提升了内容生产的效率与质量，还赋予了内容更多的灵活性与互动性，让读者能够享受到更加个性化、即时化的阅读体验。

（二）建立多层次出版交流合作，实现大众出版高质量"出海"

上海出版业现已与欧美及众多丝绸之路沿线国家建立了多层次的出版交流与合作。借由大众出版，上海出版业正将中国故事向外输送，日益触及全球读者。为了更贴近国际民众的兴趣与生活，上海出版业正探索以更加契合的内容、形式及国际语言，使用与国际接轨的鲜活语言，促进大众出版走出去。《开天辟地——中华创世神话》经上海文艺出版社推出后，上海新闻出版发展公司积极推动其海外传播工作。考虑到海外市场的特殊性，公司特邀海外专业学者，依据故事具体内容，同步开展英文版的翻译工作。这些海外学者凭借对西方文化语境的深刻理解与语言优势，致力于精准转译，让故事既能保留中华创世神话的独特韵味，又能被海外读者无障碍理解。此书在近年来中国主题图书的海外订单中脱颖而出，名列前茅，广受国际欢迎。我国的神话与传说一直是欧美大众出版的关注热点，上海文艺出版社以"进入"而非"植入"的方式，成功实现大众出版高质量"出海"。

此外，上海文艺出版社近年来在大众出版领域爆款不断。秉承"追踪名家作品、扶持当下力量、挖掘文学新人"的策略，上海文艺出版社出版作品已获 3 个"五个一工程"奖、6 个鲁迅文学奖、3 个茅盾文学奖和 1 个诺贝尔文学奖。而在把书做小方面，上海文艺出版社引领大众出版新趋势。通过对小开本方面深入探索，上海文艺出版社开发了"小文艺·口袋文库"系列，企鹅"鹈鹕"书系等。让"厚书"变薄，也赋予了"随身携带、随时阅读、深度思考"新的可能。这或许是大众出版畅销的新思路。

（三）基于网络文学沃土，重视特色 IP 开发与打造

阅文集团成立于 2015 年 3 月，由腾讯文学与原盛大文学整合而成，是以数字阅读为基础，IP 培育与开发为核心的综合性文化产业集团。阅文旗下囊括 QQ 阅读、起点中文网、新丽传媒等业界知名品牌，平台汇聚大量优秀网文 IP，并致力于将其改编为影视、动漫、游戏等多业态产品。阅文集团始终致力于为原创网络文学内容开拓广阔的分发途径。在内容传播的下游环节，积极打造精品化的多元衍生业态，现已成功构建起以"在线业务＋版权运营"为双轮驱动的文化创意生态体系。

扎根网络文学沃土，阅文集团通过其多元化的出版平台，成功地构建了一个强大的作家生态系统，这在业界具有示范效应。该集团通过提供优渥的创作激励和福利体系，吸引了大量优秀作家的加盟，从而形成了一种积极的创作氛围和内容积累的良性循环。截至 2020 年终，阅文集团已经汇聚了超过 900 万名作家，其作品库中的作品总数高达 1300 万部。在 2020 年全年，平台新增的文字量达到了惊人的 460 亿字。这一数字不仅体现了作家群体的创作活跃度，也反映出平台对作家创作潜力的深度挖掘和有效管理。同时，阅文集团旗下网络文学作品的整体质量亦在稳步提升。据 2021 年 6 月百度小说风云榜的数据显示，在排名前 20 的网络文学作品中，有 17 部作品源自阅文集团，这进一步印证了阅文集团在网络文学领域的影响力。[1]

此外，阅文集团以"让好故事生生不息"为集团发展目标，积极筹办网络文学征文大赛。2024 年 5 月 27 日，阅文集团举办了"第八届现实题材网络文学征文大赛"颁奖典礼，大赛共有 49102 部作品参赛，14 部优秀作品获奖。阅文集团通过赛事举办为网络文学的发展提供了广阔的舞台，让好故事、好作家真正被看见。

（四）深研版权战略，实施综合性版权经营管理改革

位于上海的少年儿童出版社（以下简称"上少社"），作为新中国成立的首家专业少年儿童出版社，自 1952 年成立以来，一直是少儿出版领域的领军者。在社会经济发展和少儿出版行业深刻变革的大背景下，上少社积极推进"3+1"改革战略，致力于实现版权内容的创造性转化和创新性发展。通过整合内容部门，上少社构建了以品牌建设为核心的四大内容板块：原创儿童文学出版中心、幼童读物出版事业部、少儿科普出版事业部和教育培训出版事业部，同时在少儿科普和原创儿童文学影视化转化领域设立工作室，以此激发机制创

---

[1]《阅文集团深度解析：借力升维 IP 宇宙，网文龙头顺水切入版权蓝海》，载爱企查，2021 年 10 月 23 日。

新活力。[1]

上少社在版权经营管理方面采取了一系列战略性措施。成立独立于总编办的版权经营管理部，专注于书刊商标和版权的经营管理，并提供相关法务服务。通过与专业机构签订常法顾问协议，加强了版权保护和风险控制。此外，上少社改革了干部管理和分配机制，实行干部聘用制和绩效考核制，确保干部队伍的活力和专业性，同时通过划小考核单元和强化分配激励功能，提升了员工的工作积极性和创作热情。在内容质量把控方面，上少社成立了社编辑委员会，负责重大出版项目的牵头规划和组织实施，确保出版内容的市场竞争力与高品质。

通过这一系列综合性改革，上少社的版权输出战略已成功将业务拓展至舞台剧、动画、互联网教育等多个领域，体现了其在版权经营和内容创新方面的前瞻性和多元化发展。上少社的实践表明，传统出版社在新时代背景下，通过创新管理和版权经营，能够实现更广泛的社会效益和经济效益。

二、国际大众出版业的转型启示

在全球出版业的变革浪潮中，上海作为中国的文化中心，正面临数字化转型和国际化发展的重大机遇。全球出版集团在数字化、全球化、社交媒体营销和技术创新方面的成功经验，给上海出版业的大众

---

[1]《全国少儿社社长年会召开，"十四五"童书出版有哪些新机会？》，载搜狐网，2020年11月12日。

出版转型升级提供了宝贵的启示。这些经验不仅展示了应对当前挑战的有效策略，还为上海出版业在未来的发展中提供了可行的路径。

近年来，全球出版业的数字化进程迅速加快，尤其是电子书、有声书等数字内容形式的崛起，正在重塑传统纸质书市场。企鹅兰登出版集团作为全球最大的出版公司之一，成功实施了数字化转型策略，不断扩大其在电子书和有声书市场的份额。该集团通过投资先进的数字出版技术，不仅开发了种类繁多的电子书，还在有声书领域取得了显著成就。例如，企鹅兰登在全球暴发的新冠疫情期间加速了有声书业务的发展，推出了数千种有声书作品，并通过与在线书店和音频出版商的合作，显著扩大了其市场占有率。在 2020 年，美国电子书市场收入达到 11 亿美元，远高于疫情暴发前的 9.833 亿美元，而有声书市场在此期间也实现了显著增长。[1] 上海出版业可以从中汲取经验，充分利用本地在人工智能和大数据领域的技术优势，开发更多具有竞争力的数字出版产品。通过与本地的互联网科技公司合作，上海出版业可以探索基于 AI 技术的内容生成与分发，提高数字内容的生产效率和市场反应速度。例如，上海的出版机构可以借鉴企鹅兰登的经验，投资于智能推荐系统和个性化推送技术，帮助读者快速找到符合其兴趣的图书，提升数字阅读体验。这不仅能够吸引更多的读者，还可以通过精准的内容推送提高图书的销量，推动整个行业的数字化转型。

随着全球文化交流的日益深化，出版物的国际化已经成为全球出版业的一大趋势。英国出版业通过实施全球化战略，不仅在国内市场

---

[1]　国际数字出版产业发展报告课题组、林晓芳、王壮：《国际数字出版产业发展报告：美英澳篇》，《数字出版研究》2023 年第 2 期。

取得稳步发展，还积极开拓海外市场，特别是在新兴市场中的布局取得显著成效。例如，英国的企鹅兰登通过在多个国家发行其畅销书，结合本地文化元素，成功实现了其出版物的全球传播。2016年至2020年间，英国出版业的海外销售额上涨了9.5%，达到37.22亿英镑，显示出全球化战略的重要性。[1]上海作为中国的国际文化大都市，拥有丰富的文化资源和高度国际化的出版环境。上海出版业应当充分发挥这一优势，加强与国际出版集团的合作，积极参与国际书展和文化交流活动，将更多具有中国文化特色的优秀出版物推向国际市场。例如，上海出版机构可以学习企鹅兰登在全球市场上的经验，通过在海外推出结合本地文化的中国文学作品或儿童读物，进一步提升其国际影响力。同时，上海出版业还可以通过引进和本地化国际畅销书，丰富本地市场的出版物种类，以满足多样化的阅读需求，从而推动本地出版市场的发展。

在数字时代，社交媒体平台已经成为推动图书销售的重要力量，尤其是TikTok上的BookTok现象，为全球出版业带来了新的营销思路。BookTok通过短视频和用户互动，成功将许多默默无闻的图书推上了畅销榜单，其成功揭示了社交媒体在书籍推广中的巨大潜力。上海出版业可以借鉴这一经验，利用本地社交媒体平台如抖音和小红书，开展图书推广活动。通过与本地的KOL（关键意见领袖）合作，上海出版业可以通过直播、短视频等形式，增强与读者的互动，激发读者的阅读兴趣和购买欲望。尤其是在年轻一代中，社交媒体已经成

---

[1]　甄云霞：《2016—2020年英国出版业发展情况分析》，《印刷文化（中英文）》2022年第4期。

为获取信息和作出购买决策的主要渠道。上海出版业应当利用这一趋势，通过社交媒体平台的"病毒式"传播效应，提升图书的知名度和市场影响力，从而推动实体书店的销售增长，并进一步提升整体市场的活力。

国际出版业在技术创新方面的成功经验为上海出版业提供了重要的启示。例如，听讯公司通过其自助出版平台 ACX，为全球有声书市场的发展提供了强大的支持。ACX 平台允许作者、声音叙述者、出版商和代理人通过一个统一的平台进行合作，显著降低了有声书的制作门槛，同时也提高了出版效率。这一平台的成功不仅拓宽了有声书的市场，还使得听讯在全球有声书市场中占据了主导地位。此外，听讯还通过 AI 技术优化音频制作流程，如使用 Audio Lab 智能检测系统来提高音频质量和制作效率。上海出版业可以通过与本地高校和研究机构合作，开发类似的出版技术平台，例如基于区块链技术的版权保护系统，或是 AI 驱动的内容生成与编辑工具。通过这些技术创新，上海出版业可以大幅提升出版流程的智能化和高效化，减少人为错误的发生，同时提高出版物的质量和市场适应性。此外，上海出版业还可以借助人工智能技术，对出版内容进行智能化分析与优化，根据市场需求调整出版策略，进一步提高图书的竞争力。通过技术创新，上海出版业不仅可以应对当前的市场挑战，还能为未来的发展奠定坚实的基础，成为全球出版业的重要参与者。

综上所述，上海出版业在面对数字时代的挑战与机遇时，可以从全球出版集团的成功经验中获得重要启示。通过积极推进数字化转型，实施全球化战略，充分利用社交媒体的营销潜力，并加强技术创新，上海出版业能够实现大众出版的转型升级。结合上海在人工智能、文化资源和国际化程度等方面的独特优势，上海出版业不仅能够应对当前的市场变化，还能在全球出版格局中占据更加重要的地位。未来，上海出版业有望通过这些创新举措，成为全球出版业的重要引领者，为世界贡献更多具有文化深度和国际影响力的优秀出版物。

第四章
数字时代的政府出版管理创新：
全球视野中的实践与启示

　　大数据、人工智能、区块链等新一代数字技术与出版业的深度融合建构了全新的内容生产、使用和传播方式，给出版物的传播秩序管理带来全方位的挑战。近年来，国际出版业的一项显著趋势就是各国政府加强了对出版物传播秩序的管理。由于新兴技术带来的治理问题具有前沿性和复杂性，各国政府在加强管理过程中面临许多棘手的新问题，对管理理念目标、管理模式机制和管理方式方法开展了一系列创新。这些措施对健全市场秩序、保障公共利益、维护国家文化安全具有重要意义。因此，对新兴出版业较为发达的欧美国家在出版传播秩序管理上的新趋势、新变化和新特点进行研究，能够为融合出版发展背景下我国党和政府的出版管理和上海地方出版管理提供经验和启示。

第一节　新一代数字技术背景下欧美国家加强出版秩序管理

新一代数字技术革命背景下，欧美国家的出版管理面临前所未有的挑战与机遇。管理思维与战略经历了深刻的转变，不仅涉及管理理念的更新与目标的调整，还包括跨界融合与策略的重构，以及创新驱动与技术应用的广泛探索。分析欧美国家在新一代数字技术背景下对出版传播秩序加强管理的具体措施，探讨其对现代出版管理理念、目标、模式和机制创新的影响，能够加深对数字出版管理的认识，提升管理决策上的应变能力。

一、思维转变与战略调整：出版管理理念与目标创新

欧美国家的出版管理策略演变不仅包括从传统的事后监管模式向更加主动、灵活和包容的管理理念转变，而且还涵盖了对管理目标的重大调整。在这个过程中，政府与政策制定者不断探索如何利用人工智能、大数据、区块链等新兴技术，以提高出版物管理的效率和效果。同时，这些变化也体现了在维护国家安全、促进市场竞争、保护个人权益等方面实现平衡的努力。通过这些策略的更新与调整，欧美国家正试图为出版传播秩序管理提供更加有效的解决方案，以应对数字化和全球化带来的挑战。

（一）管理理念的更新

人工智能等新一代数字技术背景下，欧美国家正在进行出版物传

播秩序管理理念和目标的更新。传统的事后监管模式，依靠法律规范和行业组织引导，正在向更主动、灵活和包容的策略转变。管理理念的核心变化体现在几个方面。

首先，政府正在从静态法规管理转向更加动态的管理。欧盟《单一数字市场版权指令》（2019）追踪数字化时代版权问题，特别是对网络出版平台责任等问题规定回应了多年来的各项争议。美国国家科学基金会（NSF）资助了多项研究项目，探索如何利用人工智能和大数据改进学术出版和同行评审过程，包括提高出版物的可接近性和影响力。此外，欧盟的数据出版保护方面的重要法规——史上最严的欧盟《通用数据保护条例》（GDPR），强化了对出版领域个人数据的保护，赋予个人更多控制自己数据的权利。欧盟 Horizon 2020 计划资助了相关项目，能够通过人工智能和大数据技术促进公开获取出版物和研究数据的共享。欧盟委员会联合欧洲出版商协会等发布《可信 AI 伦理指南》（*Ethics Guidelines for Trustworthy AI*）和《算法责任与透明治理框架》（*A Governance Framework for Algorithmic Accountability and Transparency*），为出版活动中的 AI 和算法应用提供了规范。这些更新不仅反映了对技术发展的响应，也显示了管理理念向更灵活、及时更新的方向发展。其次，新的管理理念强调平衡各方利益。政府正寻求在保护个人隐私、促进经济发展和保障公共利益之间找到平衡。例如，德国的《网络执行法》（*NetzDG*）要求网络出版平台快速移除非法内容，显示了政府在维护公共利益和保护言论自由之间寻找平衡的努力。这种平衡需要政府进行细致的市场调研、持续的政策对话和不断的策略调整。最后，政府正在探索如何将技术创新融入管理实践。人工智能和区块链等新兴技术提供了前所未有的有效管理和监管工具。例如，美国版权办公室探索使用人工智能来改进版权登记和监测过程。欧洲区块链服务基础设施（EBSI）项目展示了如何利用区块链技术进行跨境版权管理。这些技术的应用提高了管理的效率和准确性，但也带来了新的挑战，如数据隐私和算法偏见问题。因此，政府不仅要推动技术创新，还要确保新技术的监管与现有法律体系相协调，并制定相应的伦理准则和法律框架。

（二）管理目标的调整

随着数字化和全球化时代的到来，欧美国家的出版物管理目标正经历着重大的调整。这些管理目标上的变化不仅反映了对新兴技术的适应，也体现了对复杂国际环境的应对。

首先，管理目标上对意识形态安全和国家安全的重视达到新高度。美国政府加大了对大型社交媒体型出版平台政治广告和虚假信息的严格审查，特别是 2016 年总统选举后对外国干预的反应，其中包括国会召开听证会、审查数字内容出版公司的内容管理政策等。同时，针对出版平台上的极端主义内容，如恐怖主义宣传，美国政府通过与技术公司合作、执法和情报收集活动加大了打击力度，联邦调查局（FBI）等机构运行专门任务力以对抗网络恐怖主义。此外，网络中立性的争议也反映了政府在互联网意识形态管理中的角色，2017年联邦通信委员会（FCC）废除保护网络中立性的规则后，国会和各州政府进行了一系列的讨论和立法尝试。此外，政府还加强了对外国影响力的监控，尤其是针对外国政府通过网络出版平台影响美国政治和社会意识形态的活动，通过与私营部门的合作，尝试阻止外国干预活动。这些行动反映了美国政府通过加强监督、提高透明度、促进公众意识以及与私营部门的合作等方式，在意识形态和国家安全方面加强了对数字出版内容的管理。

其次，促进市场竞争与创新是另一个重要的管理目标。欧美政府通过加强市场监管和反垄断措施来实现这一目标。2020年3月，欧盟委员会对谷歌、亚马逊、苹果和Meta进行了反垄断调查，调查这些公司是否滥用其在数字出版市场的主导地位，在用户数据收集和使用方面设置不公平的限制。在2019年至2022年期间，美国联邦法院受理了针对五大出版商——企鹅兰登书屋、西蒙与舒斯特、阿歇特、哈珀·柯林斯和麦克米伦出版社的反垄断问题调查，包括电子书市场竞争案件。这些政策的实施有效地促进了市场的健康竞争和多元化，为创新和创作活动营造了良好的环境。

再次，促进社会公平、保护个人权益。英国高等教育资助委员会（HEFCE）要求所有接受其资助的论文必须通过开放获取方式发布。这些政策旨在鼓励使用大数据和AI技术，提升研究的可及性和质量，同时刺激市场的竞争和创新。欧盟的版权指令更新强调了公平报酬的重要性，旨在确保内容创作者从数字市场中获得合理的收益。此外，对于维护安全的出版环境，《通用数据保护条例》（GDPR）要求学术出版和教育出版机构采取适当的技术和组织措施来保护个人数据免受未经授权的访问、披露、修改或销毁。这意味着机构必须制定并实施全面的数据安全计划，包括数据加密、访问控制和安全审计。

二、跨界融合与策略重塑：出版管理模式和机制创新

通过引入新兴技术的监管角色、重组内部管理部门、增强跨部门

合作，以及积极引入技术专家，欧美国家正不断探索和实施创新的出版管理模式和机制，加快从传统管理模式向更加动态、灵活的管理策略的根本转变。这些变革不仅提高了监管的效率和精确性，也促进了市场的健康发展和知识的自由流通。本部分将详细探讨这些策略的具体内容及其对出版管理领域的影响，揭示数字化背景下出版管理的新趋势和挑战。

（一）职能重构与部门调整

在面对新一代数字技术的挑战时，监管机构正在从传统的静态管理模式转向更加动态、灵活的管理策略。例如，通过引入更多的技术监管角色，增强对新兴技术的理解和监管能力，同时也通过重组内部部门，以更好地响应快速变化的技术和市场环境。美国联邦通信委员会（FCC）正在加强对版权保护、网络安全等数字出版方面的监管。英国高等教育资助委员会（HEFCE）为了推动所有接受其资助的研究成果必须通过开放获取方式发布，对内部进行职能调整，包括建立新的监督机制，确保合规，并促进开放获取资源的使用和管理。美国版权局面对版权登记和监管任务日益增长的挑战，进行了一系列的技术升级，包括开发新的在线版权登记系统，并引入人工智能和数据分析工具来改进版权监测和管理过程。同时，办公室内部进行了重组，成立了专门的技术和创新团队，负责监督这些技术的实施和管理。

（二）跨部门协作增强

随着技术和市场的跨界融合，监管机构之间的协作变得尤为关键。欧美国家正通过建立更加开放、灵活的沟通和协作机制来应对这一挑战。例如，通过跨部门工作组、联合监管项目等方式，不同监管机构能够共享信息、资源和专业知识，共同应对跨领域的挑战。欧盟的数字单一市场战略便是一个跨部门协作的典范。它旨在简化数字服务的跨境交付，涉及版权法、消费者保护法和电子商务法等多个领域，要求成员国之间以及不同监管机构间进行紧密合作。根据欧盟委员会的报告，该战略的实施已经带动了欧洲数字经济的增长，其中数字内容市场的跨境销售增加了近 15%。

（三）专家引入和角色强化

为了更好地理解和应对由人工智能、大数据等新兴技术带来的挑战，监管机构正在积极引入技术专家。这些专家不仅提供技术知识和见解，也参与政策制定和执行过程，提高了监管的效率和精确性。同时，监管机构也在探索如何通过培训和教育提升现有员工对新兴技术的理解和应用能力。英国的信息委员会办公室（ICO）针对出版领域数据保护和数字技术引入了新的技术专家角色，以确保更好的政策制定和执行。ICO 报告显示，这种做法提高了对复杂数据保护案件的处理速度和质量，2019 年解决了 95% 的复杂案件。然而，跨部门协作和技术专家的引入在具体执行上面临挑战。在跨部门协作方面，不同部门间的沟通、协调、职责边界和信息共享机制的建立是主要难题。而在引入技术专家方面，如何吸引和保留顶尖人才、确保他们的专业知识得到有效应用，如何处理技术建议与现行政策的潜在冲突，都是需要解决的问题。

三、创新驱动与技术应用：出版管理的手段与方式创新

创新管理手段和技术应用塑造了欧美国家出版管理的新面貌，也带来新的机遇和挑战。各国政府与立法机构正在强化行政与监督权力，以应对国家安全和个人隐私的关切，同时，引导与激励的柔性管理手段被广泛采纳，旨在促进自我监管和行业内部的合作。此外，数据驱动的管理方式正在变得日益重要，大数据和人工智能的应用提高了监管的效率和精确性，但也带来了新的挑战，如误判和隐私泄露的风险。在这个过程中，灵活高效的市场监管策略和深化的国际合作成为应对快速变化市场和跨境版权问题的关键。

（一）强化政府行政权和议会监督权

鉴于对国家安全和用户数据隐私的担忧，美国政府和议会加大了对 TikTok 等数字内容出版平台的审查。2020 年时任美国总统特朗普连续两次签署行政令，禁止任何美国个人或实体与 TikTok 及其母公司字节跳动进行任何交易，甚至要求字节跳动公司在 90 天内剥离 TikTok 在美国运营的所有权益。美国国会近年来也多次举行了听证会，询问网络出版公司负责人，回答有关用户隐私、虚假信息和外国干预选举、数据处理和内容管理的问题。这些事例展示了欧美政府和议会在加强对数字内容平台的直接监督管理方面的活动，通过听证会和调查，确保这些平台的操作符合法律要求和公共利益，反映了对国家安全和公共秩序的日益关注。

（二）柔性引导激励

　　传统行政管理手段依赖于直接控制，具有低效和实施难等问题。因此，欧美等国政府开始更多地采用引导和激励机制，鼓励出版行业内部建立自我监管机制。例如，美国版权局推动了一系列版权意识教育计划，旨在鼓励版权持有人和使用者之间建立合作关系。此外，欧盟的创意欧洲计划（Creative Europe）提供资金支持，激励文化和创意部门的合作与发展。尽管如此，转向引导和激励带来了确保自我监管机制有效性和平衡不同利益相关者利益的挑战。因此，政府通过建立监督和评估机制、提供技术和法律支持，以及加强与行业的沟通和合作来解决这些问题。同时英国《在线安全法》（2023）和欧盟《数字服务法案》（2023）都有设立监督机构或是鼓励用户通过举报机制和社区监督参与监管过程的规定。发展智能举报和反馈系统，利用机器学习技术提高举报的处理效率和准确性，同时激励用户参与内容的自我管理。

（三）数据驱动型管理

　　政府广泛应用了大数据和人工智能技术以提升出版物内容监管的效率和准确性。政府利用大数据和人工智能技术进行精准监测和分析，以识别和应对版权侵权和内容质量问题。美国版权局利用机器学习技术对版权登记资料进行分类和分析，这不仅提高了处理速度，还增强了准确性和一致性。根据美国版权办公室的报告，2019年，该机构处理的版权登记申请比2010年增加了约10%，而使用AI技术后，处理速度提高了约20%。此外，通过大数据分析，政府能够对市场趋势和版权侵犯情况进行更加精准的监测和预测。然而，AI和大数据的应用也引发了一系列挑战，尤其是误判和隐私泄露问题。为此，欧美国家采取了多项措施来应对这些挑战，包括完善数据保护法规，如欧盟资助的研究项目"EnDOW"使用 AI 来帮助识别"孤儿作品"（即版权所有者未知或找不到的作品），这极大地简化了版权清理过程。在英国，政府设立了数字市场任务组（Digital Markets Task force）来监控数字市场并评估数据驱动技术的影响。然而，这些技术的应用也引发了数据隐私和算法偏见等问题。为此，欧盟通过了严格的数据保护法规 GDPR，并在 2020 年提出了欧洲数据战略，旨在确保数据的安全使用和算法的透明度。区块链技术在版权管理方面显示出巨大的潜力。例如，瑞士的一项试点项目利用区块链技术记录音乐作品的版权信息和交易记录，以实现版权信息的透明化和交易的简化。此外，欧盟也在探索利用区块链技术改进跨境版权信息的管理和共享。然而，区块链技术的应用面临着技术成熟度不足、与现有法律体系的冲突，以及跨境法律适用等问题。政府需要在推动技术发展的同时，考虑如何解决这些问题。

（四）灵活高效的市场监管

随着出版物流通方式的多样化和国际化，监管机构采用了更灵活和高效的策略来应对市场的快速变化。例如，德国政府实施了《网络执行法》（NetzDG），要求社交媒体平台快速移除非法内容。尽管该法律在执行中面临诸多批评和挑战，但它体现了政府对于快速响应市场变化的决心。此外，法国的 ARCOM（Audiovisual and Digital Communication Regulatory Authority）是一个监管数字和视听传播的机构，它通过适应性强和快速反应的监管策略，确保市场的健康竞争和内容的质量控制。随着出版物流通方式的多样化和国际化，监管机构也在采用更灵活和高效的策略来应对市场的快速变化。例如，英国竞争和市场管理局（CMA）在监管数字市场时，采用更为灵活和反应迅速的方法，包括建立专门的数字市场单位来处理技术公司的市场力量问题。然而，监管的灵活性需要与公平性和一致性相平衡，这要求监管机构不断适应技术和市场的变化。尽管存在挑战，如法律与技术的速度差异、数据隐私保护，以及监管的灵活性和公平性平衡等，但这些国家在出版物管理方面的努力为其他国家和地区提供了重要的经验借鉴。

（五）深化国际合作与法规协调

出版物的数字化传播具有天然的跨境性质，这使得单一国家的管理措施面临局限。为了有效管理跨境流通的出版物，国际合作和法规协调变得至关重要。例如，世界知识产权组织（WIPO）为版权保护提供了一个国际框架，并促进成员国之间的合作。此外，欧盟通过建立版权法的共同标准，来协调成员国之间的法律差异。然而，实现有效的国际合作和法规协调是一个复杂的过程，涉及不同国家利益的平衡、法律体系的差异和国际协议的执行等问题。而且在全球化的背景下，单一国家或地区的政策难以独立解决跨境问题，因此，国际合作变得至关重要。欧盟与日本和韩国签署的数字伙伴关系便是国际合作的一个典范，共同促进了数据保护、5G技术和人工智能等领域的国际合作。此外，欧盟通过欧洲版权指令（2019/790）强化了跨境版权规则，体现了对国际法规协调的重视。

第二节　产业秩序与全球竞争：融合出版趋势下出版市场管理创新

以生成式人工智能为代表的新一轮信息技术革命重构了出版产业的生态环境，也带来了深化融合出版的产业挑战。在融合出版深度发展的趋势下，国际出版业也亟须对出版产业流程管理进行相匹配的优化更新。但由于技术应用与制度改革的滞后性，国际上在应对出版产业流程管理革新时尝试了更多元的手段与机制，在反垄断、图书贸易与版权等方面为营造更好的出版业态环境发挥重要作用。深入研究国际上出版产业流程管理的创新趋势与特点，发现其内在运行的底层逻辑，可以为上海在融合出版趋势下更好地进行出版管理工作提供经验与启示。

一、国际版权管理创新

数字出版的版权保护是关乎数字出版产业发展的关键问题，各国相关政策和法律的颁布对数字出版业的发展起着举足轻重的作用。尤其在网络时代，信息可以被无限复制，复制后的信息与原来的信息没有任何差异。这虽然方便了信息在不同主体间的自由传播，但是使得信息变成了非竞争性、非排他性的公共产品[1]，这也是网络盗版、网络侵权频发的根源。各国针对网络时代的数字版权管理作出了调整。

面对庞大的消费市场，侵权行为在数字技术的加持下日益猖獗，

---

[1]　J. E. Stiglitz, "The Contributions of the Economics of Information to Twentieth Century Economics", *The Quarterly Journal of Economics*, Vol.115, No.4. pp.1441—1478, 2000.

由因及果地发展版权保护技术，用技术应对技术是破解版权保护迷局的正解之一。基于如此的技术背景与市场背景，这一解题思路逐渐被应用于网络侵权责任制度修正中，美国与欧盟的网络侵权责任制度改革开始频繁出现技术性版权保护措施，"技术化"也成了相关法案更新的国际趋势之一。

目前，版权保护方面最突出的技术是网络过滤技术。引入了该技术的欧盟《数字化单一市场版权指令》第17条是最典型的"用技术应对技术"的技术性版权保护措施。通过网络服务提供商的网络过滤技术实现对侵权行为的检测、阻止以及快速响应行动，为版权所有人的权益保护从技术层面上多加了一道防线。美国版权局在2021年与2022年开展的两次对识别和保护受版权保护作品的技术措施进行讨论与意见收集以及2022年通过的《推进权利保护技术措施实施的版权法案》也都显露出将技术性措施引入其版权法体系框架内的趋势，为美国版权保护提供了基于共识的标准技术保护措施，进一步完善了美国版权保护体系。

另一方面，欧盟通过彻底革新制度框架以强化网络服务提供者的义务，从而创造新的责任义务平衡。截至2022年，已被欧盟内多个成员国转化为适配国内版权法案的《数字化单一市场版权指令》第17条中的"通知—过滤"机制要求网络服务提供者平台对受版权保护内容主动履行授权寻求义务与版权过滤义务，重构了网络服务提供商的法律角色。与此同时，对网络服务提供商的法律角色认定决定了其应承担的法律义务与责任，对其的角色认定也是版权法修改的核心议题。"通知—过滤"机制意味着对网络服务提供商要主动担任一定的版权保护责任，是对其责任与义务的进一步配置要求，有助于缓解基于庞大用户流量攫取巨额利润的网络服务行业龙头公司与提供了内容信息却收益甚少的版权所有人的"价值差"矛盾[1]，通过责任与义务的重新分配建立起新的平衡。

英国虽没有专门的出版法，但颁布了世界上第一部《版权法》。1988年，英国颁布《1988年版权、设计和专利法》，对互联网情景下的文学作品给予版权保护，这一法案奠定了互联网版权行为的界定，尤其对作品复制问题具有先见性。2003年，英国修订《版权法》，对互联网的版权问题进行更为详细的界定。2008年，英国政府启动"数字英国计划"。2010年，英国通过《数字经济法案》，对英国网络内容的版权保护程序进行法律方面的规定，但由于法案过度保护版权所有者权利，侵犯公众权益，引发公众争议，该法案一直未实行。[2]在崇尚人权保护的英国，《数字经济法案》中的反盗版内容推迟到2014年实行，直接遏制了英国非法下载问题的蔓延，平衡了网络出版商、移动阅读设备生产商和服务商三方的利润。

德国作为世界三大图书市场之一，缺少专门的出版法，也没有数字出版等相关的出版新业态法律，主要采取在现有法律法规上修订、补充的方法对新兴出版业态进行支持，《著作权法》对私人复制行为严格限制，在作者同意的基础上仅能获得图片格式的传送；在保护版权所有者的权利的同时，也增加了公众获取信息内容的难度。[3]

---

[1] 谭洋：《在线内容分享服务提供商的一般过滤义务——基于〈欧盟数字化单一市场版权指令〉》，《知识产权》2019年第6期。

[2] 黄先蓉、冯博：《英国数字出版法律制度的现状与趋势》，《出版科学》2013年第1期。

[3] 郝婷、黄先蓉：《德国数字出版法律制度的现状与趋势》，《出版科学》2013年第1期。

二、国际书号审批管理的创新趋势

书号作为国家宏观调控的重要手段，在中国特色社会主义出版体制中被赋予调控出版产业和出版事业"抓手"的角色，具有严肃性。出版行政主管部门通过规定书号发放的数量、时间等，调节出版物的规模走向，并能依据书号奖惩措施，调控出版社的经营管理情况。[1]但随着网络自出版、网络小说等网络出版物的兴起，各国在书号审批环节也进行了管理创新。

在应对这些挑战和压力的过程中，各国针对书号审批环节采取了一系列管理创新措施。例如，美国在处理自出版电子书的合法性问题时展现了相对务实的态度，其不强制要求自出版电子书必须拥有国际标准书号（ISBN），这一政策的实施不仅省去了申请书号的繁琐步骤，同时也从法律层面确认了自出版电子书的合法地位，极大地简化了自出版流程。亚马逊的 Kindle Direct Publishing（KDP）平台就是这种创新管理思路的典型代表，它从一开始便为自出版作者提供免费的电子书和纸质书书号，极大地促进了自出版作品的流通和 IP 后续开发。

在现代出版领域，传统纸质书与网络出版物之间的界限越来越模糊，这对出版管理提出了新的要求和挑战。尽管中国的网络小说和传统纸质书在流通与认证方面存在明显的隔阂，网络小说在其平台上发布不需申请书号，使得它们无法像纸质图书那样在书市自由流通，限制了其传播范围和影响力。网络小说转化为实体书出版的过程充满挑战，需要作者与出版社的紧密合作，经历繁复的审核与书号申请过

---

[1] 高海涛：《我国书号管理制度：功能、效果及反思》，《编辑之友》2021 年第 7 期。

程，显示了传统出版管理在数字化时代面临的适应性问题。这种状况强调了在数字化和传统出版之间建立更紧密联系的重要性，需要出版管理体制进行创新，以促进二者的融合。因此，未来的书号审批管理创新应当旨在加强纸质书出版和网络出版物管理的衔接，确保二者同等重要，同时增强管理制度的灵活性以适应融合出版的需求。这不仅涉及技术和流程的优化，更重要的是，在保障意识形态安全和版权保护的基础上，通过法规和政策的调整，鼓励和促进网络出版与传统出版的相互融合。这种管理创新应当考虑到市场需求的多样性，以及技术进步对出版形态和传播方式的影响，从而构建一个更加开放、灵活且有利于出版物质量提升和文化多样性发展的出版环境。

三、国际图书定价管理的多元探索与平衡策略

在通过修正法律鼓励数字出版行业发展的同时，西方国家也在采取措施保护传统出版行业的生存。上文提及，互联网技术及信息技术的发展使得传统出版生产的全流程都受到颠覆，实体书的生存愈加困难，大量书店闭店，都昭示着传统出版行业面临着生存困境。为了在鼓励数字出版行业发展的同时保护传统出版行业的生存，各国采取了不同的图书定价管理策略，体现了国际图书市场管理的多样性和复杂性。

韩国的做法体现了对传统出版业的直接支持。通过实施《出版及印刷振兴法》，韩国政府对实体书店和网络书店的图书转售价格进行了规定，最初区别对待两者，后来取消差别，统一将图书维持转售价格的时限设定为出版后 18 个月，并对所有书店的折扣范围进行了限制。这一措施旨在保护传统出版业，减少价格竞争对其的冲击。墨西

哥采取了更为严格的措施，通过立法明确禁止图书出版三年内的任何形式打折销售，这种做法在一定程度上固化了图书价格，试图为传统出版业提供一个更稳定的营销环境。德国和日本的策略则更加注重在反垄断法体系下对图书定价的豁免。德国的做法尤其值得注意，它不仅统一了电子书和纸质书的定价策略，还通过法律手段保障了图书市场的价格稳定，同时促进了数字出版和传统出版的健康共存。[1] 与此相反，美国的做法更加灵活，依托于《谢尔曼法》，原则上禁止限制转售价格的行为，以避免垄断现象的产生。然而，在实际操作中，美国对纵向价格限制的态度随技术发展和市场需求的变化而调整，其对限制转售价格规则的实施更多依赖于司法判例的指导。这种方法体现了一种更为开放和动态的市场管理理念，旨在适应数字化时代的市场变化。

通过对比各国的图书定价管理策略，可以发现各国在保护传统出版业和鼓励数字出版行业发展之间寻求着不同的平衡点。这些策略不仅反映了各国出版市场的特殊性，也展示了在全球化和数字化浪潮下，图书定价管理需要不断创新和调整以适应新的市场环境。未来，随着技术进步和消费习惯的进一步变化，国际图书定价管理策略将持续演化，以更好地平衡传统出版业的保护与数字出版行业的发展。

四、国际图书贸易管理

全球化不可逆转，世界各国沟通的壁垒实际上已经不复存在，但

---

[1] 吕春燕：《图书维持转售价格的反垄断法规制研究》，首都经济贸易大学博士学位论文，2016年。

从政治层面来看，"壁垒"是否存在还体现在政策上。文化霸权主义、意识形态斗争长久存在，在世界各国皆重视文化领域的话语权争夺时，图书产品因其文化性，便易受到特殊的对待或管理。

各国对待图书产品进出口的态度主要可根据意识形态强弱分为两类。首先是意识形态较强的美国和英国。美国的出版业因为长期的市场化运作以及庞大的国内出版市场，已经培育出了一大批巨型出版集团。因此对美国来说，政府积极打开国外出版市场使本国出版企业获得准入就是对本国出版业走出去的最大支持。美国在进出口书刊方面实行免收关税政策，同时还对本国出版企业参与世界各地举办的国际图书博览会给予资金支持。除政府层面的扶持举措外，出版领域、图书馆界、高校以及基金会的相关人员，早在很久以前便共同组建"美国图书推广海外特别小组"。该小组致力于围绕图书出口的政策措施展开探讨，并就如何协调政府、公众团体以及私人企业在图书推广过程中的作用提出相关建议。英国政府则秉持"出版无国界"的观点，本国出版业高度开放，允许其他国家出版企业进入，并对图书进出口免征关税，外交部下属的文化委员会每年都会提供 150 万—180 万英镑的图书推广费，支持英国出版商的图书出口活动。[1]

法国则不同，极其重视本国文化的独立性，除了征收 5% 的书刊进口税之外，对于进口文化产品坚持"文化例外"原则，坚持精神文化产品不能列入自由贸易体系，不应像一般商品任其自由流通。与此同时重视宣传本国文化，具体体现在设立图书文化基金支持图书出

---

[1]　黄先蓉、黄媛、赵礼寿：《中外出版政策比较研究》，《出版科学》2011 年第 2 期。

口，每年为出口图书直接或间接拨款约 1 亿法郎的补贴，用于支持出口交通补贴、书价补贴，翻译资助及开展合作出版等业务，法国出版业国际署还组织出版商参加书展，法国不仅支持国内出版商，还对国外的出版商和书商出版和销售法国图书提供资助，外国出版商翻译法国作品可以得到国家出版中心的帮助。[1]加拿大因与美国接壤及其他种族等因素，也十分重视对本国出版业的保护及支持，不允许外资在加拿大设立独资图书出版社、期刊社、报纸和发行公司；规定文化产品中"加拿大内容"的比例；限制图书平行进口，保护加拿大出版商和发行商的利益。德国在进口图书产品方面也存在限制，但对出口图书采取了诸多积极举措，其中包括参加书展，即法兰克福国际书展，积极开展与其他国家的版权交流，同时外交部也参与到图书的出口工作当中，积极向其他国家推荐图书；德国联邦基金会建立的官方网站每年都会向一个重点国家推荐书目。在德国，不仅在政府层面体现出对出版业对外交流的重视，民间也参与到图书产品的国际传播过程之中。[2]

在国际出版业交融的过程当中，较为明显的特点是文化经济较强的国家不对进出口文化产品做出限制，如英美，它们大力推行文化自由，尽可能在全球范围内掠夺经济文化利益，而在文化力量相较于英美来说较弱的法、德、加拿大等国，则在对进口文化产品作出限制的同时积极开展文化的对外交流。

［1］ 刘大年：《当代西方出版产业政策：变迁与趋势》，《现代出版》2015 年第 4 期。
［2］ 段诗韵：《美英德数字出版产业的政策机制及其借鉴意义》，中南大学博士学位论文，2014 年。

第三节　对加强出版管理的借鉴与启示

面对飞速更迭的时代环境，如何在管理中快速适应技术与市场的变化是我国出版管理部门面临的最大挑战。世界各国在出版秩序管理和出版市场管理的优化与创新过程中的经验与教训，为我国出版管理部门加强出版管理提供了十分有意义的借鉴与启示。

一、出版传播秩序管理：理念更新与利益平衡

在新一代数字技术环境下，我国出版传播秩序管理面临着诸多挑战和机遇。从世界各国的应对中，我们可以汲取如下经验：

（一）管理理念与目标的动态适应性

欧美国家在出版物管理的实践中展示了对新技术和市场变化的快速适应性，这为我国在相同领域提供了重要启示。大数据可以使出版商更准确地了解读者偏好，优化内容供给；而人工智能技术则可以在内容审核中发挥重要作用，提高效率和准确性。然而这些技术同时也可能使侵权行为更加隐蔽，使内容审核过程出现误判，以及带来个人隐私泄露等问题。

技术进步的速度和复杂程度远远超过了现有管理模式的适应和更新速度，出版管理部门要确立管理理念和目标的动态适应性，即在快速变化的技术环境中，制定出前瞻性、灵活且有效的管理策略。管理策略还需要综合考虑不同利益相关者的需求和权益，包括作者的知识产权保护、出版商的商业利益、读者的内容获取权以及社会公共利益

的维护。

为了解决这些难点，可以采取以下措施：首先，建立一个技术预测和政策研究小组，专门负责跟踪和分析新兴技术的发展趋势。这个小组应由技术专家、政策分析师、出版业代表以及法律顾问组成，以确保多方视角和专业知识的融合。通过及时了解技术发展动态，小组可以为出版管理部门提供科学、前瞻的政策建议，帮助其及时调整和更新管理策略。技术专家的引入是提高出版物管理效率和精确性的关键。其次，建立多方参与的协商机制，平衡不同利益相关者的需求和权益。这可以通过定期举行行业协商会议、公开征求意见、建立反馈渠道等方式实现。通过这些机制，管理部门不仅可以更全面、深入地了解行业现状和需求，还可以提升政策的透明度和公众的接受度，确保管理策略的公平性和有效性。为了解决这些问题，出版管理部门可以通过与高等院校、研究机构和企业的合作，共同培养和吸引技术专家。同时，建立技术专家咨询机制，让技术专家参与到政策制定和决策过程中。为技术专家提供必要的培训和资源支持，促进他们与管理人员之间的有效沟通和合作，从而提升管理效率，促进技术与管理实践的融合。

在追求动态适应性的过程中，还需要反思过度监管可能对创新和言论自由的潜在抑制作用。在利用新技术提高管理效率的同时，应确保不会无意中限制了内容的多样性和创新性。此外，需要考虑到技术的局限性和可能带来的风险，如误判、隐私泄露等，确保在依赖技术的同时，不忽视人文关怀和法律伦理的重要性。总之，通过学习世界各国在新一代数字技术环境下出版物管理的新趋势和特点，我国出版管理部门可以发展能够及时响应新技术挑战的动态适应性管理策略。

通过建立技术预测和政策研究小组、多方参与的协商机制，以及深入的反思和评估，可以在保护版权、促进创新、维护社会稳定的同时，迎接数字技术带来的机遇与挑战。

（二）基于利益平衡的综合管理策略

在探讨平衡多方利益的背景下，我国出版管理面临的挑战独特而复杂。世界各国在处理个人隐私保护、经济发展推动以及社会公共利益维护之间的平衡等方面的经验提供了重要的启示，尤其是在人工智能、大数据和区块链等新技术影响下的出版物传播秩序管理。这些启示对于我国在构建更加开放、公正、高效和动态的出版管理体系方面具有重要的指导意义。

这些经验强调了在保护个人隐私、促进经济发展和维护社会公共利益之间寻找平衡的重要性。对我国来说，这意味着出版管理不仅要严格监管内容质量，保护版权，还要为内容创新提供空间，同时保护用户权益，尤其是在信息自由获取和表达自由方面。然而，这一平衡在实践中并非易事。如何在维护国家安全和社会稳定的同时，鼓励出版业的健康发展和公民的文化权利，是我国出版管理面临的主要难点。此外，随着国际交流的加深，如何处理国际标准与国内法律的差异，也是我国出版管理需要解决的问题。

为了应对这些挑战，应采取一系列措施。首先，与出版行业加强沟通和合作至关重要。了解行业的发展需求和挑战，可以帮助管理部门制定更加精准和有效的管理策略。同时，通过建立多方参与的协商机制，可以更好地平衡不同利益相关者的需求和权益，确保管理策略的公平性和有效性。其次，加强法律和政策的国际协调也非常重要。

参与国际标准的制定，可以提高我国出版管理的国际影响力和竞争力，同时也有助于处理国际标准与国内法律的差异。

在实施这些措施的过程中，还需要反思管理策略是否充分考虑了社会多样性和文化差异性。首先，作为一个拥有悠久文化传统和多元文化形态的国家，我国出版管理策略应尊重文化多样性，促进文化交流和理解。其次，在利用新技术提高管理效率的同时，确保不会无意中限制了内容的多样性和创新性。在依赖技术的同时，不能忽视人文关怀和法律伦理的重要性。

（三）深化跨部门协作实践

世界各国的跨部门协作模式提供了对于我国出版管理改革的重要启示。在数字出版时代，内容的生成、传播和消费跨越了多个领域，包括文化、教育、科技和商业等，这要求管理机构之间进行有效的沟通和协作。然而，在我国，实现跨部门协作面临诸多困难。信息壁垒、职责划分不明确、合作机制不健全等问题制约了跨部门协作的深入开展。此外，不同部门间的利益冲突也经常导致协作难以实现。

针对这些难点，我国可建立一个跨部门协调机构，负责统筹各部门间的合作与信息共享。这个机构应具备足够的权威和资源，能够协调解决跨部门协作中的问题和冲突。同时，明确的合作指导原则和操作流程是确保各部门有效协作的基础。通过定期举办跨部门会议和培训，可以增强各部门之间的沟通和理解，共同形成解决问题的合力。

在推进跨部门协作过程中，要关注现有的管理机构独立性、公信力、政策连贯性和透明度。监管机构的独立性和公信力是确保管理有效性的基础。我国需要考虑如何建立既专业又独立的监管机构，确保其在决策中的自主性和客观性。同时，政策的连贯性和透明度对于建立有效的管理机制至关重要。我国在制定和实施政策时，应注重提高政策的透明度和公众接受度，通过公开听证会、意见征集等方式，让公众参与监管过程。

（四）发展数据驱动型管理

利用大数据分析，管理部门可以更准确地识别版权侵犯的模式和趋势，及时采取预防和应对措施。人工智能技术在内容审核中的应用可以有效过滤虚假信息和违规内容，提升审核效率和质量。此外，通过分析用户行为和市场动态，管理部门可以更好地理解读者需求，指导出版内容的优化和创新。然而，数据驱动的管理在我国的实施也面临着一系列挑战。首先，隐私保护和数据安全是最为关键的问题。如何确保在收集和使用数据的过程中，充分保护个人信息的安全和隐私权，是管理部门必须解决的问题。其次，数据的质量和技术的精确性直接影响管理效果。管理部门需要确保所使用的数据准确、可靠，同时提高技术工具的准确性和可靠性。

为了有效利用数据驱动的管理，首先，我国需要建立健全的数据收集、处理和保护机制。确保数据收集的合法性、数据处理的透明性和数据存储的安全性，是实现数据驱动管理的基础。同时，这也有助于提升公众对出版物管理工作的信任和支持。其次，加强技术研发和应用的监管是另一个重要方面。这既包括提高技术工具的准确性和可靠性，同时也包括对技术应用的伦理和责任的监督。通过制定严格的法律法规和技术标准，管理部门可以更有效地监控和指导技术的应用，确保技术的负责任使用。最后，提高政策的透明度和公众参与度也至关重要。通过公开数据使用的规则和程序，例如征求公众意见，举行听证会等方式，管理部门可以增强公众对数据驱动管理工作的理解和支持。同时，这也有助于形成广泛的社会监督机制，提升管理工作的公信力和效果。

通过引入和优化数据驱动的管理，不仅可以提高管理的效率和精确性，还可以更好地适应数字出版时代的变化和挑战。实现这一目标需要管理部门在保护个人隐私、确保数据安全、提高技术精确性等方面发力。同时，通过加强公众参与和提高政策透明度，可以进一步提升管理工作的有效性和公众接受度。在人工智能、大数据、区块链等新技术的影响下，出版管理部门有机会构建更加高效、适应性强的出版物传播秩序管理体系，促进出版业的健康发展。

（五）完善用户参与和社区监督

在我国推广用户参与和社区监督，意味着要建立有效的机制和渠道，使用户能够报告违规内容，并参与到内容的监管中。例如，通过建立用户报告系统，用户可以直接向管理部门报告发现的问题内容，如版权侵犯、虚假信息等。此外还要开展媒介素养教育能够增强用户的责任意识和判断能力，使其成为出版物管理的积极参与者。

尽管用户参与和社区监督具有巨大潜力，但在我国实施这些做法也面临一系列挑战。首先，如何确保用户参与的有效性和公正性是一个重要问题。错误的报告或恶意的投诉可能会导致资源的浪费，甚至对无辜者造成伤害。其次，用户间的利益冲突可能会导致监管责任的模糊，而过度依赖用户参与也可能导致对专业监管的忽视。为了克服这些挑战，可以采取一系列措施。首先，建立明确的用户参与规则和激励机制，提供反馈渠道和适当的奖励措施，鼓励用户积极而负责任地参与内容监管。其次，建立有效的审核和反馈机制，确保用户报告的准确性和公正性，减少错误和恶意报告的发生。

在推动用户参与和社区监督的同时，要考虑技术伦理和责任问题。技术的使用应该伴随对其社会、文化和伦理影响的全面考量。尤其是在处理敏感内容和个人数据时，确保技术的负责任使用对于保护用户权益和社会公共利益至关重要。加强技术伦理的研究和教育，提升管理人员和用户的伦理意识，是实现该目标的重要途径。同时，建立技术应用的伦理指导原则和监管机制，确保技术的负责任使用。通过公众参与和社会监督，形成对技术应用的广泛监督和评估机制，确保技术应用符合社会伦理和法律规定。

在习近平文化思想的指导下，深入研究和借鉴世界各国在新一代数字技术环境下出版传播秩序管理的经验，对于推动文化强国建设和中国式现代化具有重要的意义。它要求在维护出版秩序的同时，充分发挥新技术的积极作用，平衡好创新与管理、开放与安全的关系，以更好地服务于社会主义文化繁荣和发展，助力建设具有中国特色的社会主义出版强国。

二、版权秩序管理：强调技术与义务

（一）强调强势方的主动义务

强势方，既是涉及版权利益各方中处于强势地位的一方，也是组成某一版权利益主体中占强势地位的部分。在目前的网络侵权形势下，以各种在线平台为代表的网络服务提供者往往凭借较大的商业规模与齐备的法律服务团队占据强势地位。与此同时，不计其数的版权内容在线传播每分钟都能为网络服务提供者带来巨额收入，使其在利益方面也处于强势一方。因此，强调网络服务提供者作为强势方的主动义务，重新平衡其权利与义务是十分有必要的。可以通过规定网络服务提供商在传播版权内容过程中的版权保护责任义务，达到保护版权所有人与公众利益、规范版权内容传播秩序的目的。而在强调网络服务提供者的主动义务时，也要注意依据各影响因素来考量不同规模网络服务提供者的寻求授权与版权过滤义务程度高低，考虑的首要因素应是其对其平台的信息传播掌控力。而网络服务提供商对其用户上传的版权作品或其他受保护内容的识别与控制能力往往与其商业规模成正比。可以通过评估在线内容分享平台的年平均访问阅读量和营利收入等商业要素，判断其商业规模和对版权市场的影响力，从而划定网络服务提供者这一版权利益主体中的强势部分，由此制定不同规模网络服务提供者寻求授权与版权过滤义务的灵活标准。

（二）引入技术保护与预防措施

通过引入技术手段，例如内容过滤技术，平台可以更主动地阻止未经授权的侵权内容上传，从而减少侵权行为对知识产权造成的潜在危害。这种技术手段的运用有助于提高侵权行为的检测和预防效率，使得平台在数字环境中更具活力和可信度。而技术可行性是技术性版权保护措施实施的第一要义，因此在技术性版权保护措施实践中可以有以下几点考虑：首先，版权保护与过滤技术并不具备普适性，面对文本、音视频、数据库等不同类型的版权保护内容，可以针对性地开发使用不同的版权内容保护与过滤技术；其次，注意区分侵权传播与合理使用的各类合法情形，提升屏蔽或过滤的准确率，尽量降低对网络服务提供者及用户合法权益的影响。

三、图书定价管理：加快图书价格立法

中国出版业的图书售价主要是由市场决定的，虽然书封会印上"建议零售价格"，但起不到任何强制作用。如今图书发行渠道价格战激烈，电商价格低，发行折扣通常全年覆盖。依据开卷所提供的数据，在 2022 年时，全国图书零售市场的平均折扣达到了 66.25%。具体来看，实体店的平均折扣为 88.46%，出版机构自营电商的平均折扣是 77.59%，平台电商平均折扣为 55.9%，短视频电商平均折扣则为 41.77%。从销售码洋占比方面分析，实体店、出版机构自营电商、平台电商以及短视频电商分别占比 17.83%、28.18%、42.88% 和 11.1%。通过这些数据不难发现，在 2022 年的图书市场中，有高达 53.98% 的图书销售是以低于定价 60% 的价格完成的。[1] 实体书店原本就面临着利润空间狭小的困境，在这样的市场折扣环境下，其生存状况愈发艰难，逐渐走向式微。

在 2023 年"两会"上，全国人大代表、中南出版传媒集团股份有限公司出版部部长戴茵提交了一份"关于保护文化生产力，制定《图书交易条例》"的建议，对我国当前出现的图书价格战表示担忧。

---

[1] 参见北京开卷信息技术有限公司：《2022 年图书零售市场年度报告》，2023 年 1 月 6 日。

此外，全国政协常委、民进中央常务副主席朱永新提交《关于推动实体书店创新发展　助力文化强国建设的提案》，全国政协委员、上海朵云轩集团有限公司总经理朱旗提交《关于加快图书价格立法，推动中国出版业高质量发展的提案》。[1]由此可见，推动图书价格立法已经成为共识。

垄断不只是企业间统一商讨的高价垄断，它也会以低价的形式存在。图书低价垄断市场的存在，使得实体渠道正在加速萎缩；且出版业本就是微利行业，长期的价格战也会使得图书产品质量下降，不利于产业健康可持续发展。西方国家即使十分重视市场垄断行为并加以严格限制，也依旧采取豁免图书维持转售价格的策略以保护图书产业健康发展。而在中国，政府对图书价格生态重视不足。在全民阅读战略的背景之下，实体书店依旧是重要阅读场所，但价格差距却使得人们更加远离书店。长久来看，实体书店的消失无法避免。因此无论是从国家战略出发，还是从防止低价垄断发行渠道出发，图书价格立法都要予以重视。

四、图书贸易管理：加强版权合作与文化输出

从国家发展层面上说，数字经济时代，传统资本与土地等有形的生产要素的地位下降，各国纷纷加速积累数字资源等无形生产要素。基于如此背景，欧盟于2019年宣布将打造"适应数字时代的欧洲"，

---

[1]　张隽：《两会声音：停止图书价格战加快立法保护图书固定价格机制》，《中华读书报》2023年3月8日。

将其作为接下来欧盟政府的六个优先战略之一，又于 2020 年提出将"数字主权"作为欧洲数字政策的主旨，希望重新掌握被占领的数字治理自主性与主导权以应对全球数字化与国际竞争。在数字战略推动下，版权法作为实现"数字单一市场"和提升欧盟成员国数字经济竞争力目标的重要组成部分，从战略高度层面被修正并出台。欧盟将版权治理改革置于国家发展战略方向下进行，将通过法律改革实现国家数字经济的自主权与主导权，增强国际竞争力的发展思路值得借鉴。版权法案不只是一种平衡术，更是推动创新成果发展与政治经济进步的法制化助推器。我国需对全球日趋激烈的数字竞争格局作出及时判断与预测，做好战略把握，在此基础上完善产业规划并实施配套的版权相关产业法律制度，做到相辅相成。

当下，基于人工智能等数字技术进入爆发式发展时期的技术背景与各国加强版权相关法律、技术等合作的国际趋势，我国应着眼于多边合作框架下的版权法律合作与技术交流，尤其是在中国流媒体企业正迅速占领国际市场份额这一积极信号下：2022 年抖音在全球已拥有 17 亿用户，比 2022 年增长了 66% 以上，预计到 2027 年，这一数字将达到 22.5 亿[1]；而腾讯则在 2022 年以 796 亿美元的总营收成为位居全球媒体公司第四位[2]。通过诉诸国际框架和多边机制中版权法律的谈判合作，积极参加版权治理的国际多方对谈，是为我国企业营造良好的国际版权法律环境的绝佳通道。不仅能够打破版权流通壁垒、

---

[1] Statista, "Number of TikTok Users Worldwide from 2018 to 2027", https://www.statista.com/forecasts/1142687/tiktok-users-worldwide.

[2] Statista, "Leading Media Companies Worldwide in 2022, By Revenue", https://www.statista.com/statistics/272469/largest-media-companies-worldwide/#statisticContainer.

保护版权利益，还能更好维护我国网络服务提供平台权益，减小其受到贸易保护制裁的风险；通过加强与国际上各国的版权法律交流，推动版权相关侵权保护技术信息共享，了解前沿动态。

另一方面，全球化当下，中国与法国、加拿大类似。根据商务部制定并不时修订的《外商投资产业指导目录》，"图书、报纸、期刊的出版业务""音像制品和电子出版物的出版、制作业务""网络出版服务"均被列入了禁止外商投资产业目录。我国限制外国人在中国出资设立出版机构，只可从事发行业务；而在对外出版工作中，宣扬文化自信，着力推动中国出版"走出去"，但除了设立中国图书对外出版项目、"丝路书香"等项目给予一系列纸质书的版权输出政策和财政支持，对于中国网络文学出海则缺少关注。

数字出版产业已经开始受到世界各国的重视，各国纷纷通过法律等为其发展创造出良好的发展环境。相应地，在近十几年来，"非传统"出版模式愈发壮大，比如在国内发展势头迅猛的网络文学就属于非传统的出版模式。2023年《全球出版50强》首次将中国阅文集团纳入了分析范畴，展现出"非传统"出版业务已开始走入全球出版行业考量的目光当中。

网络文学可以说是中国出版业的强项、优势，政府应该积极采取措施，推动能够弘扬中华优秀传统文化的网文出海，既能实现中国网络文化与传统文化走出去，提升中国文化的国际影响力；又能推动中国网络文学事业更上一层楼，为中国的出版业开辟新的发展空间，为中国数字出版产业建设添砖加瓦。

政府可以采取一系列措施来推动网络文学"出海"，包括但不限于：通过设立专项基金或者提供税收优惠等措施，对网络文学的海外传播给予资金支持，降低网络文学作者和企业的海外拓展成本；推动与网络文学相关的国际交流活动，如举办网络文学国际论坛、研讨会等，加强与国际出版机构的合作，共同推动网络文学的海外传播等。

第五章
发达国家出版业 IP 运营实践与启示

    知识产权（Intellectual Property, IP）运营是一种以知识产权为核心，对其版权价值进行深度挖掘、全方位开发，在商业模式、资本运作等方面拓展与创新的商业策略。[1] IP 运营如同产业链中潜在的"前期孵化器"，有效推进传统出版产业调整和升级，衍生出迎合时代风向与喜好的出版物，延伸 IP 的创造力与生命力。目前，发达国家已形成了较为成熟的 IP 产业链，其中以美国电影、英国图书和日本动漫最为典型。本章结合典型案例，重点分析美国电影产业、英国图书产业和日本动漫产业在 IP 资源运营方面的具体经验，总结其成功模式和策略，为我国出版 IP 资源运营提供宝贵的经验。

---

[1]　黄平平:《IP 出版经营现状及创新策略分析》,《出版广角》2016 年第 11 期。

第一节　美国电影 IP 资源运营经验

美国电影 IP 在资源储备和后期商业模式上具备垄断性优势，对全球 IP 市场产生了深远影响，其发展势头已超越传统出版 IP，且部分 IP 资源已向出版业深度延伸。美国电影产业建立了高度成熟的"特许经营"（media franchise）模式。这一模式以原创 IP 为核心，通过覆盖传统媒体和新媒体，在产品生产和宣传方面形成立体网状的产业链。例如，迪士尼的《冰雪奇缘》和漫威影业的超级英雄系列，通过全版权开发，构建了涵盖影视、游乐园、出版物、玩具和联名商品的完整产业链。这种多元化的商业模式不仅带来了巨大的经济利益，还成功地打造了多个具有全球影响力的 IP 明星产品。通过这种方式，美国电影产业不仅实现了经济效益的最大化，也在全球文化市场上占据了重要地位。

一、特许经营：美国电影 IP 转化的主导策略

特许经营是一种商业概念，允许特许经营权拥有者通过契约和授权方式，让被特许人有偿使用其名称、商标、知识产权等，如今已成为影视作品和相关 IP 的主导性策略。[1]

在美国电影产业中，特许经营不仅意味着电影系列化的制作传播，更包括与电子游戏、主题公园等其他文化产业相关联的经营活动。这种综合经营的特许经营领域涉及玩具、服装、餐饮、旅游、出版等各行各业[2]，有助于实现品牌商业价值的最大化。从"星球大

---

[1]　李宁：《好莱坞电影产业模式的发展嬗变（2009—2019）》，《当代电影》2020 年第 4 期。
[2]　潘彧：《新媒体语境下电影发行模式流变探究》，《中华文化论坛》2011 年第 3 期。

战""007"系列发展至"加勒比海盗"系列，品牌化的特许经营一直是好莱坞电影产业重要的产品策略，特许经营已经成为美国电影的标志性活动。在 2019 年北美票房前十名影片中，除了重拍的真人版《阿拉丁》以外，其余 9 部影片均源自特许经营权或相关 IP。[1]

特许经营这一策略不仅体现为影片获取成功后的 IP 授权，前期的内容营销造势也颇显重要。为了吸引其他领域企业的关注，美国电影企业非常重视影片上映前的宣传，延伸电影产品的生命周期，致力于其他发行窗口的经营，使得零售商对影片相关产品的前景充满信心。此外，借助电影续集的开发，电影企业不断刺激零售商的兴趣，同时拉长了特许经营商品的生命周期。例如，《星球大战》系列影片成功地通过续集的开发，尽管影片母体来自 1977 年上映的《星球大战》，却取得了全美票房收入 4.6 亿美元的佳绩，也掀起了科幻热潮，为后续产品的成功奠定了坚实的市场基础。1980 年和 1983 年分别推出《星球大战：帝国反击战》和《星球大战：武士归来》，三部影片的全球票房以及后续产品开发总值达到 63 亿美元。[2]

特许经营依托综合运营和宣传营销策略，成功地将电影 IP 延伸到各个领域，以迪士尼为代表的成功案例表明，在全球市场竞争中，IP 的深度开发和跨媒介叙事是取得经济效益的重要因素。随着技术和市场的不断发展，美国电影产业在 IP 转化方面的特许经营经验为其他国家和出版行业提供了有益的启示。

---

[1] 李宁：《好莱坞电影产业模式的发展嬗变（2009—2019）》，《当代电影》2020 年第 4 期。

[2] 高红岩：《美国电影企业的市场发行模式分析》，《当代电影》2006 年第 6 期。

二、跨媒介叙事 IP 融合——以漫威影业为例

黄雯、孙彦的研究发现，漫威的发展史展示了其在跨媒介叙事方面的探索和成功，这依托于可扩展性的故事文本、沉浸式传播模式和热情的粉丝群体。[1]漫威的前身是一家拥有 70 多年历史的漫画公司，历经众多畅销漫画作品的打磨，为后期视听媒介叙事奠定了基础。创立于 1939 年的漫威在 1996 年成立漫威影业后，成功转型为独立电影制片商，拥有 8000 多名漫画角色和多个超级英雄团队。漫威影业通过独特的跨媒体叙事模式，成功打造了规模宏大的超级英雄系列电影，成为跨媒体叙事理论的成功实践案例。

（一）互文叙事丰富情节与世界观

漫威在系列漫画和电影中，通过互文性叙事模式，将不同系列主角置于同一宏大世界观中，尽管各子系列有独立故事，但它们之间微妙联系密切。漫画在被改编为影视作品与游戏后，其子系列之间的关联仍保持不变。主流观众和粉丝需通过各媒介全面了解这一世界观。漫威影片通过角色、事件和故事的相互融合，形成了由漫威宇宙和终极宇宙构成的"世界"，电影中的"彩蛋"包含未来故事和新角色的重要信息。漫威电影宇宙在多个独立系列电影中至少涉及 20 个主要事件，其中 15 个事件超过一种媒介形式，各个独立部分又可以从不同的角度描述事件，增强内容的情节性。[2]

---

[1] 黄雯、孙彦:《从美国漫威公司作品看跨媒介叙事》,《当代电影》2018 年第 2 期。

[2] David Bordwell, *The Way Hollywood Tells It: Story and Style in Modern Movie*, Berkeley: University of California Press, 2006, pp.98—99.

（二）跨媒介传播促进产业融合

漫威将电影与漫画、游戏、电视剧等多种媒介整合，形成宏大的叙事规模。采用"母公司管理模式"，漫威通过独立融资支持跨媒介的利益，实现了电影和漫画书的有效融合。成功合作的游戏产品中融入了电影演员的声音和相似性场景，漫威通过共享叙事实践，如《神盾局特工》和《特工卡特》的成功融合，不断丰富更多内容细节，巩固了它在不同媒介平台上的品牌形象。此外，漫威擅长建立一个统一的作者身份，在跨媒介特许经营产品中将重点转移到统一作者身份上，如利用复仇者联盟的作者乔斯·韦登（Joss Whedon）的名字和品牌来推广《神盾局特工》。有学者指出，出版、影视和游戏之间具有较强的互补性，漫威通过融合传播实现 IP 价值共享、传播渠道互补和粉丝效应叠加，有力推动了 IP 作品的传播效力。[1]

（三）凝聚粉丝力量，扩大创作者叙事

跨媒介叙事强调不同创作者使用不同媒介叙述和传播同一故事，每一种媒介对于整个故事都有独特而有价值的贡献，从而构建出更广阔的故事世界。[2]漫威通过巧妙的叙事布局和营销手段，与粉丝保持紧密互动，不断挖掘其消费潜力，同时也努力吸引更多主流受众加入其消费群体。漫威在影片结尾巧设悬念与伏笔以激起粉丝的持续兴趣与热情。随后，粉丝自发在各类社交平台、博客、论坛和视频网站

---

[1] 金韶、涂浩瀚：《出版 IP 的跨媒介叙事和运营策略研究》，《编辑学刊》2020 年第 2 期。

[2] Geoffrey Long, "Transmedia Storytelling: Business, Aesthetics and Production at the Jim Henson Company", *ResearchGate*, 2009, pp.9—20.

上展开讨论，围绕电影、漫画、音乐及演员等内容分享观点、撰写影评，逐渐形成活跃的粉丝圈层。他们不仅延展或改编剧情，还组织各类线下活动，如见面会、应援和投票等，其角色不仅是漫威内容的观赏者和参与者，更成为其媒体生态的重要共建者。[1]

三、故事品牌 IP 衍生——以《冰雪奇缘》为例

华特·迪士尼电影公司（Walt Disney Pictures）于 2013 年和 2019 年相继推出《冰雪奇缘》和《冰雪奇缘 2》，截至目前这两部电影在全球票房中分别位居第三和第一的位置。迪士尼在改编安徒生经典童话《白雪皇后》的基础上，创作了该系列。通过数十亿美元的特许经营投资，迪士尼将娱乐和营销有机结合，在消费者和故事之间建立了身体、情感和感知上的联系。好故事具有连接人心和激发想象力的力量，它利用文学资源深入挖掘商业价值，充分实现"扩大收入机会，拓宽市场，加强观众承诺"的目标。

（一）重塑经典元素，创新文本表达

随着数字媒体技术的发展，原创文学作品被改编为电影 IP 的现象日益普遍，实现了跨媒介的叙事增殖与文本重构。电影制作方通过对文学作品的二次解读、重构和创新，使故事线得以拓展与深化，角色设定更为丰满立体，为观众带来了全新的文化体验。以迪士尼为例，它将安徒生童话中的冰雪皇后改编为拥有冰雪魔力的女王艾尔

---

[1] 金韶、涂浩瀚：《出版 IP 的跨媒介叙事和运营策略研究》，《编辑学刊》2020 年第 2 期。

莎，采用双主角模式，展现了对原著的深度重构。迪士尼超越原文本，深入挖掘 IP 标志性元素，如美国梦、公主梦和女权主义，并将其重新部署到多种媒体平台上，通过广泛传播，使之契合迪士尼的世界观。《冰雪奇缘》对安徒生童话的重新打造，契合了迪士尼的传统价值观，包括团结、乐观和光明等，并重新阐释了美国梦的保守价值观，如独立与开拓精神、安全的道德家庭结构，以及女性在关爱、善良、慈爱和家庭等方面的责任。

（二）跨媒体协作，打造故事品牌

改编文学作品的形式多种多样，包括讲述故事、展示故事以及在故事中与读者进行身体和美学上的互动。《冰雪奇缘》通过这三者的有机结合，展现了迪士尼品牌推广和跨媒体协作的独特性。该片的成功并非依赖于动态双向的对话，而是建立在迪士尼对各级媒体一致信息的精准控制之上。

跨媒体平台在 IP 品牌塑造中发挥了关键作用，无论是在迪士尼主题公园的滑冰盛会，还是主题人物的见面和问候活动，都传递着相同的意识形态。年轻人在玩安娜娃娃或扮成艾尔莎女王时，积极采纳并体验迪士尼的价值观，如"艾尔莎豪华服装"和"艾尔莎假发"。Elsa & Anna 精品店、迪士尼魔术巡游中的《冰雪奇缘》花车，以及冰雪奇缘合唱庆典等活动，进一步增强了消费者对迪士尼故事情节和品牌形象的情感依恋。《冰雪奇缘》跨越多种媒体平台，包括动画长片、家庭视频、音乐、书籍、艺术品、收藏品、主题公园游乐设施、角色见面和问候以及戏剧作品等。这些平台呈现同一故事 IP 的不同版本，超越了文字文本和动画故事片的限制，转向视觉、听觉和动态的新媒体表达体系，消费者对迪士尼品牌所承诺的幸福、同质化和乌托邦的价值观也因此产生高度认可。

（三）创作泛 IP 衍生品，延长产业链

《冰雪奇缘》通过多元化的企业广告和商业推广策略，在保持信息一致性的同时，瞄准不同的受众。根据不同的"品味文化"，迪士尼让目标受众选择合适的 IP 产品消费。

2013 年《冰雪奇缘》在影院上映之前，迪士尼主题公园、迪士尼商店以及其他零售商积极开展了广泛的宣传活动。上映后，迪士尼进一步实施新的特许经营投资。借助迪士尼跨媒体合作的战略，消费者不仅能够在电影中获得观赏体验，还可以购买与电影相关的 T 恤、玩偶或服装复制品，以清晰地表达他们对整体品牌包装的热忱。此外，他们还有机会参观未来世界，亲身体验最新的《冰雪奇缘》主题公园，与影片中的角色安娜和艾尔莎在城堡前进行亲密互动。迪士尼在特许经营方面的敏锐能力，通过在电影、电视、音乐、视频游戏、网站、主题公园、书籍、漫画和收藏品等多个媒体平台上的综合运用，加速了媒体内容在各个传播渠道之间的流通，以最大化收益机会并扩大对观众的承诺。这一策略还向更广泛的消费者传递了迪士尼对安徒生故事 IP 进行独特重构的理念，而非仅仅局限在印刷品中。

第二节　英国图书 IP 资源运营经验

英国是世界上的出版大国和出版强国之一，拥有培生集团、牛津

大学出版社等众多世界著名的出版机构。作为国民经济的重要组成部分，图书出版业经过长期稳定的发展，已在英国经济中占据举足轻重的地位。这一产业的繁荣不仅体现了英国在全球出版领域的领先地位，也展示了其在图书创作、传播及运营方面的卓越能力。风靡世界的系列图书《哈利·波特》《帕丁顿熊》《托马斯和朋友们》《星际大战》等均出自英国，其优质的内容资源 IP 转化为可持续性的无形资产价值，已由图书延伸为多功能、多产能、多类别的产业链条。

一、游乐矩阵：英国图书 IP 转化的溢价内涵

（一）优质内容资源，立意国际出版

英国出版历史悠久，英语的世界性语言地位使其在英文图书出版方面具备得天独厚的优势。与英联邦国家和前殖民地之间的深厚联系，使英文图书在这些地区具备广阔的市场潜力。此外，英国的大型出版公司如培生集团、剑桥大学出版社和牛津大学出版社，在选题策划时立足国际市场，不局限于英国国内的市场。这种国际视野确保了图书能够在全球范围内广泛传播。

以《哈利·波特》系列为例，原著中的"智慧之石"（Philosopher's Stone）并非作者 J.K. 罗琳随意而起，而是基于西方历史上真实存在的故事，这赋予了图书内容独特的色彩与权威。同时，书中的世界观，如魔法世界的设定和时代背景的交代，使得故事的发展有章可循。典型的故事母题包括正邪对抗、冒险之旅、梦想成真等，结合精彩的人物角色塑造，使英国图书 IP 具有极强的吸引力。这些因素共同作用，使英国图书在全球范围内深受读者喜爱，并吸引了文创、影

视、零售等产业链的从业者多形式转化 IP 资源，从而进一步扩大了图书的市场价值和影响力。

（二）积极拥抱技术与媒介变革

英国政府将"数字英国"作为未来的发展目标，建立了完善的数字出版体系，涵盖准入机制、出版内容、版权保护等方面。数字技术的应用激活了影视、游戏和展览等领域的市场，带动了作品改编的电视剧、电影、游戏和动画等周边产品的市场需求。

《权力的游戏》系列小说不仅被改编成广受欢迎的电视剧，吸引了全球数百万观众，衍生出众多周边产品，如大型多人在线游戏、精美的漫画系列和沉浸式的展览活动，形成了一个庞大而多元化的商业帝国。全方位的数字技术应用提高了原著的销量，还大幅扩展其市场价值和影响力。由此可见，数字技术对英国图书 IP 的作用不可忽视。通过提升市场化运作和多渠道推广，数字技术极大地促进了文化产业的繁荣与发展，不仅延长了版权产业链，还创造了新的市场需求，丰富了版权所有者获得经济回报的方式，推动文学艺术作品市场价值的多样化实现。

（三）创意产业为核，共促 IP 转化

英国是全球最早提出并实施"创意产业"政策的国家，通过国家政策积极推动这一产业的发展。在这一框架下，图书出版作为创意产业的重要组成部分，其优质 IP 持续向其他行业溢价转化。通过"打造 IP—全球引爆—版权出口—衍生回报—外溢拉动"的模式，英国不仅成功地将原有的流量导入新产品，还能将成熟的内容和价值注

入新产品中。例如，《哈利·波特》系列电影自 2011 年完结，但通过后续推出的《神奇动物》系列以及跨行业授权，其 IP 价值持续增长，展现出潜在且长期的变现能力。这种模式不仅提升了英国图书 IP 的市场价值，还对旅游、餐饮、航运等相关产业产生了积极影响。

此外，IP 运营的成功进一步增强了英国创意产业的国际竞争力。通过有效的 IP 管理和跨界合作，英国不仅实现了经济效益的提升，还增强了文化输出的影响力。这种文化和经济的双重驱动，使得英国在全球创意产业中占据了领先地位，不仅为经济发展注入了持续动力，也成为展示国家软实力的重要途径。

二、从小说到票房：《哈利·波特》IP 的联动实践

《哈利·波特》系列电影在 2001 年上映后，开创了长达十余年的票房奇迹，带动了全球电影审美趣味的转变，奇幻、魔幻、科幻等题材电影成为世界电影市场的新宠。[1] 基于英国本土的巫术文化，《哈利·波特》的故事主要以霍格沃兹魔法学校为背景，讲述了以哈利·波特为代表的正义势力如何战胜以伏地魔为代表的邪恶势力。[2] 该系列小说自 2001 年起被改编为电影，至 2011 年全部上映，成为从文学走向电影的典型成功范例。《哈利·波特》的成功不仅在于其优质内容资源，还在于其多元化的 IP 运营模式，这些经验值得全球文

---

[1] 董璐：《哈利·波特：从文学到电影》，《电影文学》2017 年第 21 期。
[2] 陈睿、陈之奕：《元媒介视域下"哈利·波特"系列作品的 IP 运营策略》，《电影文学》2020 年第 10 期。

化产业借鉴和学习。

（一）保留优质 IP 内核，顺应多媒介演绎

《哈利·波特》IP 实现跨媒介传播的重要因素在于完整故事世界的构建，并以"爱和正义"的价值观为内核支撑。这一主题在小说及其电影改编中始终延续，成为推动故事发展的关键线索。尽管哈利年幼时失去了父母，但来自亲人的爱一直影响着他的成长；他与赫敏、罗恩之间虽有摩擦，却在危机时展现出深厚的信任与无私奉献，甚至愿意为彼此冒生命危险。哈利与伏地魔之间"除你武器"和"阿瓦达索命"的决斗也象征了爱和正义终将战胜邪恶。[1]

通过保留原 IP 的核心特点，并顺应不同媒介的演绎长处，《哈利·波特》在文学、影视、动画、游戏等领域取得了巨大成功。文学类 IP 的核心在于故事，因此在改编过程中最容易进行影视类内容（如动画、影视）与线下实景娱乐（如剧本杀）的开发；基于文学类 IP 世界观与人物的游戏内容开发具有较大的市场空间，但需要在故事性及玩法方面创新。没有形象支撑的文学类 IP 较难直接进行实物商品开发，通常需要通过漫画、动画等媒介进行视觉形象铺垫。《哈利·波特》的成功范例表明，一个强大的故事内核和多元化的媒介适配策略是实现跨媒介传播和长期市场价值的关键。

（二）超现实给予受众"非日常体验"

观众期待电影能够为他们提供一种逃离日常生活的体验，使他

---

[1] 陈睿、陈之奕：《元媒介视域下"哈利·波特"系列作品的 IP 运营策略》，《电影文学》2020 年第 10 期。

们沉浸在一个与现实存在一定距离的世界中，从而获得情感上的满足。电影中的"日常生活"与"非日常生活"之间的分界点是一个关键概念，反映了观众对电影作为真实生活替代品的期待。电影故事需要包含能够触动观众情感的元素，无论是友情、爱情还是正义与邪恶的对抗，都能让观众在观看过程中产生共鸣。这种情感上的满足不仅增加了电影的吸引力，还使观众对故事中的角色和情节产生更深的认同感。

在《哈利·波特》系列电影中，选择哥特式古堡作为霍格沃兹魔法学校的背景地，不仅利用了其宏伟的建筑特色，为故事中的开阔场景如魁地奇比赛和三强争霸赛提供了壮丽的背景，同时古老城堡的结构又为故事提供了必要的密道、密室和大量的传说与神秘之处。这种设置使得观众在"非日常生活"中找到情感共鸣和好奇心的满足。

（三）全版权运营打造魔法世界 IP

在信息化时代，各种媒介的统一呈现和广泛传播能够带来"精神沉浸"的体验，而全版权产业链运营则通过内容开发为核心来打造品牌，并以此为基础开发周边衍生品，提升产品形态的多样性，最终将核心用户群体纳入运营体系。[1]

《哈利·波特》IP 实现了多领域的联动发展。在系列电影取得高热度后，《哈利·波特》展开了在主题公园、玩具周边、衍生电影和游戏等方面的广泛合作。在玩具方面，"哈利·波特"与美泰、乐高、

---

[1] 陈洁、吴申伦：《社群参与式的网络文学版权构建模式构想与运营实践》，《出版发行研究》2019 年第 10 期。

孩之宝达成授权，推出了各种周边产品；在线下实景娱乐方面，"哈利·波特"入驻环球影城，在全球四个主题乐园中还原了霍格沃兹魔法学校的场景，结合中世纪背景与现代童话故事，创造出独特的旅游体验，并推出巫师袍、魔杖等周边商品；在游戏方面，Niantic 在 2018 年推出了 AR 手游《哈利·波特：巫师联盟》，网易在 2021 年推出了卡牌 RPG 手游《哈利·波特：魔法觉醒》，并在上线一周内登顶 iOS 游戏畅销榜。全版权运营模式通过多种媒介和产品形态的协同发展，成功地打造了一个具有高度文化凝聚力和经济效益的魔法世界 IP 品牌。

三、从绘本到舞台剧：《托马斯和朋友们》IP 的实景演绎

《托马斯和朋友们》改编自英国牧师威尔伯特·福瑞·奥德瑞的儿童文学作品《铁路故事》系列，这部动画剧集以平实、简单的故事讲述了生活在多多岛上的快乐小火车的故事，充分考虑了儿童的心理与认知特点。自 20 世纪 80 年代以来，该剧被翻译成 45 种语言，在 185 个国家和地区播出，取得了巨大的反响，成为儿童早期教育动画的典范。由《托马斯和朋友们》改编的舞台剧《多多岛英勇小火车》不仅丰富和扩展了这一经典 IP，还契合了儿童群体的娱乐需求，提供了一种全新的沉浸式体验。

（一）IP 传递正向价值观教育

《托马斯和朋友们》在 IP 运营上通过丰富的视觉元素和简练的故

事线，充分吸引儿童的注意力，帮助他们理解故事情节和人物性格。作为低龄儿童群体的主要阅读和选择者，家长们往往希望 IP 内容能积极影响儿童的价值观，满足他们对优质教育内容的需求。该作品不仅展现了英国近现代铁路发展的历程，呼应了英国人对奋发向上精神的推崇，也对学龄前儿童的认知成长起到了积极引导作用。通过生动的人物对话，故事呈现了孩子们在日常生活中面临的各种问题、应对方式及结果，鼓励他们彼此关爱、学会分享、勤奋努力，成长为"有用的小火车"。[1] 舞台剧《多多岛英勇小火车》向孩子们展示了面对困难时的坚持与勇气、朋友间的相互支持与理解以及团队合作的重要性。这些正面的价值观在孩子们心中生根发芽，成为他们成长道路上宝贵的财富。因此，成功的 IP 运营需要精准把握价值观需求，通过提供符合教育标准且具有积极影响的内容，来满足家长对高质量教育资源的期望，同时增强 IP 的市场竞争力和长期影响力。

（二）灵活实现 IP 内容适应与媒介转换

《托马斯和朋友们》最初以绘本形式呈现，其核心特点是简洁明了的文字与生动形象的插图，适合低龄儿童的阅读与理解。绘本通过丰富的视觉元素和简练的故事线，充分吸引儿童的注意力，帮助他们理解故事情节和人物性格。但久而久之，单一媒介形式的内容可能会随着时间的推移而逐渐失去吸引力。通过内容适应与媒介转换，IP 可以不断创新形式，保持新鲜感和活力，延长其生命周期。

---

[1] 胡晓、董小玉：《媒介生态学视域下中国儿童动漫问题研究——以〈熊出没〉与〈托马斯和他的朋友们〉为例》，《新闻界》2014 年第 6 期。

　　《托马斯和朋友们》在突破绘本这一静态载体改编为舞台剧《多多岛英勇小火车》时充分考虑了儿童的心理需求与年龄特征。儿童的注意力持续时间较短，舞台剧形式则能在有限的时间内保持他们的兴趣。因此，舞台剧的故事节奏在设计上紧凑，情节发展迅速而清晰。在角色塑造和情节设计上，《多多岛英勇小火车》舞台剧强调了角色的友谊、合作和冒险精神，这些元素能够激发儿童的共鸣和兴趣。通过互动环节，如角色与观众的对话和互动游戏，增强观众的参与感和现场体验，使他们更深刻地感受故事的魅力。从绘本到舞台剧的媒介转换，不仅仅是呈现形式的变化，通过内容适应与媒介转换，IP 可以根据不同年龄段、地区和文化的特点进行本地化调整，使其更易于被不同文化背景的观众接受和喜爱，提升 IP 的全球影响力。

（三）深化亲情友情的共鸣

　　近年来，越来越多家庭开始重视亲子共读绘本的活动，绘本馆、亲子书吧及社区阅览室等阅读空间逐渐受到欢迎，成为城市家庭休闲的新选择，亲子阅读的氛围也愈发浓郁。在共同观赏舞台剧的过程中，家长可以引导孩子思考故事背后的深层含义，促进亲子间的交流与沟通，进一步加深家庭成员之间的情感联系。这种情感共鸣与价值观传递的深化，不仅增强了《托马斯和朋友们》IP 的吸引力和影响力，也让其在孩子们的成长道路上留下了不可磨灭的印记。借助舞台的表现形式，小火车之间的友情也变得更加立体和感人。当托马斯因为某个决定而陷入困境时，朋友们会在关键时刻挺身而出，不仅让托马斯感受到温暖和力量，也让观众深受感动。这种情感共鸣和价值观的传递，使得《托马斯和朋友们》不仅仅是一个简单的 IP 形象，更成为一个深化亲情友情、引导儿童健康成长的重要载体。

第三节　日本动漫 IP 资源运营经验

日本作为动漫强国，其动漫产业采用 AGC 模式，IP 资源在动画、游戏和漫画三种媒介之间相互转化，形成了以全媒体为平台的文化产业价值链复合运营模式。在 IP 运营方面，日本采用了分阶段的策略。首先，通过出版社的工作室以低成本、低风险的方式推出连载漫画，开启品牌化运营的第一个阶段。[1] 随后，通过市场筛选出有口碑、有人气的优质作品，再通过电视剧、电影、网剧等方式推动品牌化运营的第二个阶段。最终，经过市场的筛选，产业成功开发动漫的衍生产品，包括动漫玩具、游戏、服装等，形成全方位的 IP 产业链。

一、AGC 模式：日本动漫 IP 转化的价值链融合

在日本动漫产业中，AGC 模式（Animation, Game and Comic）代表了一种高效的 IP 运营策略。日本动漫 IP 的生产与运营形成了一个有机的产业链，它起源于轻小说或漫画。整个产业链包括以下环节：创作环节，即漫画或轻小说的创作；出版环节，主要是杂志和图

---

[1]　陈桃珍、沈阔、董娟娟：《基于 IP 化运营的数字化出版营销策略》，《长沙大学学报》2019 年第 6 期。

书的出版发行；制作与传播环节，涵盖动画的制作、传播与运营，广播剧制作，电影开发与上映，游戏开发与发行，衍生产品开发与营销等。产业链模式下的动漫 IP 不存在固定的开发顺序，它可以根据需要灵活改编，例如从轻小说改编成漫画，或由动漫改编成轻小说。开发运营的顺序通常遵循从简单到复杂、从低成本到高成本的思路。该模式通过在动画、游戏和角色衍生品等多个领域的价值链融合，推动动漫 IP 的全面开发与市场扩展，在提升品牌影响力、增加收益来源和强化市场竞争力方面，均展现了其独特的优势。

首先，AGC 模式通过将动画、游戏和角色产品整合在一起，形成了一个多层次的 IP 生态系统。在这一模式下，动漫 IP 的核心价值通过动画形式展现，并在此基础上扩展到游戏和角色商品等衍生领域。这种全方位的内容开发不仅可以最大限度地挖掘 IP 的潜力，还能有效吸引不同兴趣和需求的观众群体。例如，《精灵宝可梦》通过动画系列、电子游戏和各种角色相关商品的联动，成功建立了一个跨媒体的品牌帝国，形成了庞大的粉丝基础和持续的经济收益。

其次，AGC 模式在价值链融合中注重内容的同步开发与市场需求的匹配。动画制作、游戏开发和角色商品设计在产品开发初期即进行同步规划，以确保各个环节的内容一致性和品牌形象的一致性。这种策略使得不同媒介形式之间能够形成有效的联动，从而提升用户体验和品牌忠诚度。

此外，AGC 模式的成功还得益于日本动漫产业的全球化布局。随着日本动漫在国际市场上的影响力不断扩大，AGC 模式通过将动漫内容进行本地化调整，确保了其在不同文化背景下的适应性。这种全球化战略不仅增加了国际市场的渗透率，还提升了动漫 IP 的全球认知度和市场份额。以《海贼王》为例，该系列在全球范围内的成功，依靠的不仅是动画的高质量制作，还包括相关游戏和商品的有效配合，使得品牌能够在不同市场上实现稳步增长。

整体来说，AGC 模式作为日本动漫 IP 运营的一种重要策略，通过在动画、游戏和角色商品等领域的价值链融合，实现了 IP 的全面开发与市场扩展。这种模式不仅提升了品牌的市场竞争力，也为动漫 IP 的全球化推广提供了有效的路径，成为 IP 运营的典范。

二、《精灵宝可梦》的衍生品低龄化

最初，任天堂实现了玩家与神奇宝贝共同冒险和生活的乌托邦。东京电视台将其制作成动画《精灵宝可梦》，描绘了人类与宝可梦友好相处的理想世界。动画中，神奇宝贝训练家以培养神奇宝贝和与其一起战斗冒险为职业，形成了丰富的剧情设定，其衍生品市场规模（包括游戏、卡片游戏、形象授权商品等）取得了显著成功。这些商品不仅延续了动画和游戏的影响力，还创造了持续的商业价值，进一步扩大了品牌的市场覆盖范围。

（一）《精灵宝可梦》衍生品 IP 授权模式

《精灵宝可梦》的版权归属于"精灵宝可梦公司"（TPC），这是由任天堂、Creatures Inc.（C 社）和 Game Freak（GF）共同设立的合资公司。《精灵宝可梦》的版权和所有权由 TPC 公司掌握，其中角色形象的设计与开发由 GF 负责，任天堂则承担发行与宣传工作。C 社主要负责卡牌及部分周边产品的开发与销售，动画则由东京电视台、小学馆等机构联合制作。TPC 总部则统筹管理大多数周边商品及品牌运营事务。[1]

在《精灵宝可梦》IP 运营早期，收入主要来源于游戏和动画的发行。随着时间的推移，衍生品授权业务的收入逐渐占据了总收入的一半以上。对于衍生品的授权，TPC 采用了两种基本模式：其一是企业联合发行模式，即产业与形象 IP 共同开发授权产品；其二是形象 IP 授权买断模式，企业支付大量资金以获得一定时间内的独占使用权。此外，《精灵宝可梦》的衍生品品牌方还与淘宝、拼多多和腾讯等平台合作，创建了相关动漫衍生产品的正版授权专卖店。这些专卖店确保了衍生品的正版属性，同时通过电商平台拓展了销售渠道，进一步扩大了品牌的市场影响力。

（二）《精灵宝可梦》衍生品低龄化策略

《精灵宝可梦》IP 运营注重衍生品的低龄化市场开发，其策略体现在产品设计的各个方面，其玩具系列尤其突出。它通过设计符合低龄儿童心理和认知发展的玩具，增强了孩子们的参与感和互动体验。例如，精灵宝可梦的公仔和互动玩具以简单的操作和安全的设计，确保了儿童在玩耍过程中不仅能够获得乐趣，还能安全地使用这些产品。再如，宝可梦玩偶、卡牌、文具套装等，都采用了易于儿童握持和操作的设计，同时融入了丰富的互动元素，如可发声、发光等，增加了产品的趣味性和吸引力。儿童服饰如 T 恤、背包等，不仅设计

---

[1]　李金典：《浅谈动漫衍生品的探究与发展——以〈神奇宝贝〉为例》，《计算机与网络》2021 年第 1 期。

风格符合儿童的审美趣味，还考虑了舒适性和安全性。周边商品如帽子、文具等也经过精心设计，以符合低龄儿童的实际使用需求，提升品牌的吸引力。

随着科技的进步和数字化娱乐形式的普及，低龄儿童市场对于数字内容的需求日益增长。为了满足这一需求并巩固品牌在低龄用户中的地位，《精灵宝可梦》通过推出面向低龄用户的游戏作品，如《宝可梦探险寻宝》《精灵宝可梦 Let's Go》等，这些游戏在设计时充分考虑了儿童的认知发展特点，采用了简化的操作模式和友好的用户界面。例如，《精灵宝可梦》的儿童版游戏通过直观的图形和简单的游戏机制，使得年幼的玩家能够轻松上手并享受游戏乐趣。游戏内容中包含了轻松的任务和互动环节，旨在通过娱乐的方式促进儿童的认知发展和动手能力的提高。

《精灵宝可梦》IP 通过精准市场定位、教育与娱乐并重、注重安全性和使用体验、多元化产品线、全球市场拓展以及品牌忠诚度的培养，成功满足了低龄儿童的需求并赢得家长的信赖。这种策略不仅提升了品牌的市场渗透率和竞争力，还增强了其全球影响力和长期发展潜力。

三、少年 Jump 的漫画授权扩展

20 世纪五六十年代，日本迎来了漫画出版的繁荣时期，逐渐形成了独特的漫画出版文化。当时，主要的漫画杂志有《周刊少年 Sunday》（小学馆，1959）、《周刊少年 Magazine》（讲谈社，1959）和《周刊少年 King》（少年画报社，1963）等。其中，《周刊少年

Magazine》销量最大，1966 年周发行量超过了 100 万册。[1] 为顺应当时的读者需求和出版趋势，集英社于 1968 年创办了《周刊少年 Jump》，该刊以"友情、努力、胜利"为精神追求，以"热血、感人、搞笑"为主题风格，依托 IP 和原创内容迅速崛起。《周刊少年 Jump》推出了《男一匹小鬼大将》《足球小将》《幽游白书》《JOJO 的奇妙冒险》《七龙珠》《城市猎人》《圣斗士星矢》《海贼王》《灌篮高手》等广受欢迎的动漫产品，这些作品不仅在日本国内取得巨大成功，还在中国等国家赢得了广泛的读者。

（一）IP 产业链的内外结合

日本漫画 IP 的产业链优化呈现出两个特征，一是内部演绎，以动漫 IP 的剧情内容为核心适度地改编开发，包括轻小说、漫画、动漫、广播剧和影视等多种媒体形式。二是外部延伸，通过著作权、商标权和形象权的有机结合，创造各类衍生产品，如创意玩具周边等。外部延伸还包括商标和形象的市场推广，游戏产品的开发、广告、特许形象的使用经营，以及关联产品和主题活动的开发等。

以《周刊少年 Jump》为例，该漫画通过优质作品的连载和单行本发行，巩固了消费市场，吸引了粉丝和漫迷群体。其后，成功作品迅速被改编成动画，推出原创动画录像 OVA 版本和影院上映的剧场版。动漫 IP 积累了一定的影响力和消费市场后，会推出游戏、动漫原声音乐光碟、服装、文具、玩具等衍生产品，依托动漫人物形象展开 Cosplay 活动和建立动漫游乐园等。日本动漫 IP 的产业链模式在

---

[1] 诸葛蔚东：《〈周刊少年 Jump〉经营策略分析》，《科技与出版》2014 年第 4 期。

其灵活性和有机运作中取得了一定的成绩。内部演绎和外部延伸的结合，以及灵活的开发顺序，使得动漫产业在不同媒体和领域都能取得丰硕的成果。

（二）以受众为核心，注重粉丝运营

动漫 IP 粉丝构建了一个基于动漫作品的经济系统和商业机会，其经济体系主要由动漫 IP 的粉丝群体所带来的消费和投入组成。粉丝经济在 IP 的生产与运营中扮演着至关重要的角色，整个动漫 IP 产业链的形成直接依赖于粉丝经济所带来的购买力。因此，粉丝运营成为一种重要的 IP 运营策略，贯穿于动漫 IP 产业链的各个环节。动漫作品的粉丝通常表现出较高的忠诚度，其根本原因在于情感共鸣、团体认同、长期回忆与共同成长，以及知名度和口碑的传播。

《周刊少年 Jump》通过全年开放的投稿征集、每月一次的漫画比赛和每年两次的漫画大赏，高密度地进行新人漫画家的发掘工作。被发掘的新人画家会被分配给不同编辑，形成多个"班"，通过内部竞争培养画家储备。这种机制确保了杂志能够持续输出高质量的作品，保持内容的活力和新鲜感。在粉丝互动与社区建设层面，《周刊少年 Jump》积极利用社交媒体平台与粉丝进行互动，发布最新的漫画资讯、作品预告和幕后花絮等内容，增强粉丝的参与感和归属感。杂志还会定期举办线下活动，如签售会、见面会和主题展览等，为粉丝提供与作者面对面交流的机会，进一步加深粉丝与作品之间的情感联系。这些因素协同作用，使粉丝在情感上与 IP 产生深厚的联系，使其成为 IP 产品推出时的重要潜在消费群体，并在产品初期自发地为其进行宣传和造势。

（三）IP 运营注重海外推广

日本动漫 IP 在国际市场发行和海外推广方面采取了积极的策略。首先，日本动漫 IP 通过与海外发行商和流媒体平台合作，实现作品的跨国传播。为了扩大国际影响力，2002 年 11 月，集英社和小学馆联合出资设立 VIZ Media，在美国发行《周刊少年 Jump》的英文月刊。这一举措标志着《周刊少年 Jump》正式进军海外市场。《周刊少年 Jump》也积极拥抱数字化趋势，于 2014 年 9 月起实现了电子书与纸媒同日发布。读者可以在少年 JUMP+ 的 App 上付费观看电子版内容，进一步拓宽了国际发行的渠道和方式。其次，日本动漫制作公司和版权方积极参与国际动漫展览和交流活动。例如，他们组织参展团队参加国际动漫展会，直接向海外观众和业界展示最新作品和产品。这些展览活动为海外观众提供了近距离欣赏和了解日本动漫的机会。日本政府曾利用"政府开发援助"中的"文化无偿援助"资金，购买日本部分动画片的播放版权，无偿地提供给发展中国家的电视台播放。这种政策不仅提升了日本动漫的国际知名度，也为《周刊少年 Jump》等动漫期刊的海外推广创造了有利条件。最后，《周刊少年 Jump》以 IP 为核心，建构了集动画片、影视、游戏、教育等为一体的泛娱乐生态系统，通过将知名 IP 进行全产业链开发，如推出真人舞台剧、音乐剧、游戏等衍生产品，进一步提升了 IP 的海外影响力和商业价值。这些活动不仅以展示作品为主，还通过与粉丝互动的方式，提供更为丰富的体验和互动机会。这些举措促进了日本动漫 IP 作品在全球范围内的传播和受众扩大，进一步推动了动漫二次元文化的全球化发展。

第四节　发达国家出版业 IP 资源运营的启示

通过比较美国、英国和日本在 IP 转化与运营方面的经验和模式，不难发现，美国以"特许经营"为核心，全方位开发 IP，形成了多元化的产业链；英国注重图书优质内容资源的根基，跨媒介运营 IP 资源；日本通过 AGC 模式，在动画、游戏、漫画三种媒介之间相互转化，构建了全媒体平台的文化产业价值链。各国在市场策略和经济效益方面存在差异，但均为全球 IP 运营提供了有益的启示。未来更多国家有望借鉴这些成功经验，推动 IP 创新与价值转化。

一、IP 意识、政策支持和保护机制的三位一体

无论是美国电影、英国图书抑或是日本动漫，西方国家对知识产权的保护均表现出高度重视。知识产权是文化创新与经济价值的源泉，各国不仅构建了全面而严格的法律体系，为版权保护提供了坚实的法律基础，还设立了强有力的惩罚机制，有效震慑了盗版与侵权行为，维护了原创者的合法权益与市场秩序。更为关键的是，这些国家通过积极倡导与培育 IP 意识，让创作者从项目初始阶段就深刻认识到 IP 的潜在商业价值与文化影响力，从而在创作过程中不断追求创新，力求作品的独一无二与高辨识度，以此吸引更广泛的受众群体并激发市场活力。例如，日本政府通过提供财政支持和税收优惠等政策手段，大力支持动漫产业，鼓励高质量内容的创作，推动本国文化在国际上的传播。创作者们在初始的产品设计阶段就明确认识到卓越的知识产权能够带来商业价值和文化影响力。在产品创作过程中，他们

持续追求创新和独特性，以确保作品具备高辨识度和吸引力。美国在版权保护方面有着严格的法律体系和执法机制。通过制定《版权法》等法律法规明确版权人的权利和义务，打击盗版和侵权行为。在数字版权保护方面，美国也走在了世界前列。通过制定数字千年版权法案（DMCA）等法律法规加强数字版权的保护和管理，确保原创作品在数字环境中的合法权益得到保护。

相比之下，我国出版行业在 IP 资源的运营与管理上仍面临诸多挑战。法律体系的不完善、"避风港"原则引发的侵权隐患，以及行业内创新意识的相对不足，都在一定程度上制约了我国出版业的高质量发展。美国、英国和日本在出版业 IP 资源运营中均表现出了高度的 IP 意识、完善的政策支持和有效的保护机制。这些经验为我国出版业在 IP 资源运营方面提供了有益的借鉴和启示。

二、泛娱乐的跨媒介叙事与协同

在泛娱乐产业中，小说、漫画、影视与游戏等多种媒介各具特色，展现出不同的表达方式。跨媒体叙事策略注重在多元平台间实现影、游、漫、文的联动效应，助力出版 IP 开辟全新的发展路径。各种媒介能够互相补充，形成一个有机的整体，从而大大提升 IP 的影响力和市场价值。发达国家在这方面的经验尤为值得借鉴，他们在不同形态的作品创作、制作、营销等环节中构建了完整的产业生态系统，并注重与其他行业的协同合作。例如，一个成功的 IP 不仅限于一本小说或一部电影，而是会被拓展至游戏、音乐、动漫、真人影视、周边产品和主题乐园等多个领域。这种多元化的发展模式不仅能够实现多渠道盈利，还能增强 IP 的生命力和品牌影响力。

面对如此庞大的内容产业，仅依赖传统媒体或新媒体是远远不够的。打通上下游产业链，让多媒体平台各自发挥优势，为系列产品提供独立而独特的价值至关重要。例如，一部受欢迎的电影可以带动同名游戏和漫画的销量，而这些衍生产品又能反过来提升电影的知名度和观众黏性。此外，线上和线下渠道的协同也是不容忽视的。在线上，要确保电影、电视剧、音乐等内容生产的品质；在线下，则需展开线下讨论、音乐剧、角色体验等多元活动。这种线上线下相结合的模式，可以最大限度地吸引和留住粉丝。在跨媒介叙事中，确保不同平台上每个角色的特征一致性至关重要。无论是在小说、漫画、电影还是游戏中，角色的形象、性格和故事线都应保持一致，以保障受众在看到该角色标识时能够接收到一致的信息内容。这种一致性不仅有助于建立和维持品牌形象，还能增强受众的认同感和忠诚度。通过借鉴发达国家的成功经验，构建完整的产业生态系统，注重多媒体平台的联动和线上线下渠道的协同，可以大大提升 IP 的市场竞争力和品牌价值。

三、主流价值理念主导的故事延续性

在美国漫威的成功案例中，IP 的培育和作品创作都强调优质内容与社会主流价值观的结合，这是创作高质量 IP 作品的关键。漫威电影之所以在全球风靡，根本在于其高度完备的故事世界和内含的价值观。这不仅仅是对超级英雄故事的叙述，更是对自由、正义、勇气等主流价值观的传播。漫威通过构建一个庞大且连贯的宇宙观，使每部电影和每个角色都在其中找到自己的位置，形成一个相互关联、彼此呼应的整体。英国在《哈利·波特》IP 运营上不仅构建了一个完整的魔法世界，还通过故事中的友情、勇敢和自我牺牲等主题，深深打动了全球读者和观众。英国在 IP 开发过程中注重保护和延续作品的核心价值，使其在不同的媒介形式中保持一致性和完整性。这种方法不仅提升了 IP 的品牌价值，还延长了其市场生命周期。日本动漫则通过精准的角色塑造和细腻的情节设计，构建了多个经典 IP。比如，《精灵宝可梦》不仅在游戏和动画中取得了巨大成功，还通过衍生产品和主题公园等多种形式扩展影响力。日本的成功经验在于对 IP 的长期规划和持续运营，强调故事和角色的一贯性和完整性，使得每个 IP 都能在不同的媒介中保持高度的连贯性和吸引力。

我国出版 IP 产业可以从这些成功经验中汲取经验。制作方在创作之初需要具备宏观视野，建构一个完整的故事世界框架，以一套清晰的价值理念和逻辑法则贯穿其中，使其成为作品的精神内核。深入挖掘 IP 内容，培育高质量作品，在统一的框架构建下，IP 各系列产品相互配合衔接，不仅在内容上相互关联，也使作品中的角色具有持久的生命力，可以反复利用。注重故事的一贯性和完整性，融入主流价值理念，打造具有高辨识度和持久吸引力的 IP，能够有效提升 IP 的市场竞争力和品牌价值。这一理念对于我国 IP 资源运营具有重要的指导意义，可在实际操作中应用和推广。

四、受众互动行为的增量与回馈

社交媒体的迅速发展使得传统信息传播模式正经历着根本性的改

变，媒介生产和所有权逐渐由商业媒体向受众迁移，消费者通过意见、评论、对话等行为，甚至是创作同人小说、音乐、视频等作品的方式，主动参与并表达个人观点。国外充分利用粉丝经济的重要性，商业机构注重与粉丝的互动和沟通。通过粉丝运营、展览、粉丝活动等方式，建立密切联系，同时，积极利用网络平台和社交媒体进行宣传和推广，提高作品的曝光度和影响力。粉丝社群通过对作品制作方的反馈意见，促使制作方根据用户意见进行调整和修改，有助于内容IP体系的建立。粉丝社群成员间的交流、讨论和思想碰撞推动着内容的二次创作，催生原创内容。这不仅拓展了内容产品的内涵，带来新的解读，还加强了粉丝对IP作品的品牌黏度和情感认同。粉丝的参与为IP作品赋予多样性，其意见将反馈到主流媒体中，形成良性的互动对话，从而延长IP的生命周期、提升品牌价值。

第六章
我国出版业 IP 资源转化的现实路径

出版业 IP 资源转化作为一种新的运营思路，常与出版机构品牌、产业链延伸、业务转型等捆绑在一起。IP 转化的核心是优质原创内容，内容衍生可打造出图书、动漫、电影、玩具等系列产品，形成基于出版核心产品的立体化、多样态产业链条。尽管出版业在持续努力开发现有资源，积极配合市场需求展开多方平台合作，延伸内容尝试跨界生产，以 IP 形式创新内容表达路径，但我国出版业的 IP 资源转化整体情况并不乐观，有限的 IP 内容转化通常集中在影视、漫画、游戏、文创和知识付费产品等领域。

第一节　影视作品 IP 转化

自 2015 年起，我国在文学作品的 IP 影视化改编方面频频发力，开启粉丝经济与影视市场的深度绑定，逐渐形成规模庞大、体系完备且具有国际影响力的文化现象。从出版资源的角度来看，IP 影视化的来源文本主要分为传统文学和网络文学两类。

一、传统文学作品改编

在传统文学 IP 资源的影视化改编方面，我国从 20 世纪 50 年代开始就已经出现对传统文学作品进行 IP 影视化改编的初步尝试。例如，鲁迅的经典散文《祝福》在 1956 年由北京电影制片厂将其改编为电影搬上荧幕；老舍的《我这一辈子》在 1950 年由上海文华电影公司将其改编为同名电影，在 2001 年又被改拍成同名电视剧。自 20世纪 80 年代开始，文学作品的影视改编展现出更为丰富和新颖的主题选择以及灵活多变的改编策略，如张艺谋根据莫言代表作改编的《红高粱》夺得国际电影奖项。2015 年后，我国 IP 影视剧改编进入蓬勃发展阶段，传统文学 IP 影视作品如《人民的名义》《我的前半生》等均取得成功。

近年来，文学中的现实题材严肃文学改编逐渐兴盛，以《人世间》《幸福到万家》《大江大河》《我是余欢水》等作品为代表。这些改编自严肃文学作品的影视剧在市场上获得良好反响，增强了观众对 IP 作品的认同。改编并影视化严肃文学作品已成为影视行业的新共识，它们为影视创作提供了丰富的题材与内容。同时，在文学领域，古代与现当代文学作品的影视改编现象日益增多，其中不乏诸多引人注目的作品。例如，张爱玲的中篇小说《第一炉香》以及关汉卿的经典剧作《救风尘》的现代改编版本《梦华录》、改编自刘慈欣科幻小说的《三体》、改编自马伯庸小说的《显微镜下的大明之丝绢案》以及由金庸小说改编而来的《鹿鼎记》《天龙八部》等。[1]

　　在传统文学作品向影视 IP 转化过程中，首要任务在于精进内容品质，遴选那些久经时间考验且深植人心的经典文学作品作为改编蓝本，以确保文化价值与艺术魅力的传承。其次，要强化传播渠道的构建，借助多元化的影视平台，如流媒体、电影院线及电视网络，有效拓宽观众基础，实现作品的广泛覆盖与深度渗透。再者，跨越行业界限、促进跨界协同是推动传统文学作品在新媒体环境下焕发新生的关键，这不仅能够丰富文学 IP 的表现形式，还能将其触达更为广阔的受众群体，进而激发新的艺术生命力与商业潜能。[2]这些转化路径旨在构建一个全面且动态的 IP 生态系统，以适应日新月异的文化消费趋势，确保文学瑰宝在现代语境下的可持续发展。

　　将文学作品转化为影视作品的 IP 转化途径已成为一种普遍且有效的市场实践。为实现最佳效益，研究者与出版机构需密切关注影视产业的发展趋势，积极与互联网及影视行业从业者建立联系，并寻求 IP 合作的可能性。研究者应参与 IP 的影视改编过程，并与项目团队协作，解决原著与改编作品之间的连贯性问题，以确保影视作品的呈现质量，进而促进 IP 的广泛认知、传承与积累。[3]

二、网络文学作品改编

　　2015 年后，我国 IP 影视剧改编进入蓬勃发展阶段，其中网络

---

[1]《2020—2022 年文学改编影视作品蓝皮书》，载中国作家网，2023 年 6 月 6 日。

[2] 姬越蓉：《中国传统文学出版 IP 研究》，南京大学硕士学位论文，2018 年。

[3] 杨瑞：《中信出版集团 IP 化经营策略研究》，华东师范大学硕士学位论文，2023 年。

文学逐渐占据市场主导地位。在这一时期，网络文学改编 IP 影视剧的盈利机制逐渐完善，形成了一个完整的资金循环链。[1]互联网开始抢占网络文学 IP，掀起了 IP 热的高潮。中国电影家协会编剧教育工作委员会和北京电影学院中国电影编剧研究院发布的《2019—2020 年度网络文学 IP 影视剧改编潜力评估报告》显示，2018 年和 2019 年的 309 部热播影视剧中，有 65 部改编自网络文学，占比约 21%；在热度最高的 100 部影视剧中，改编自网络文学的作品占比达到 42%。[2]相关数据显示，截至 2020 年，中国网络文学市场规模达 249.8 亿元，网络文学用户规模达 4.60 亿人，日均活跃用户约为 757.75 万人。[3]2020 年全年，中国的网络文学领域共诞生了 2905.9 万部作品，参与创作的网络文学作家人数超过了 2130 万。网络文学作品的改编数量达到了 8059 部，其中 724 部被改编为纸质书籍、动漫、影视剧集以及游戏等形式。从 2020 年至 2023 年第一季度，源自阅文、中文、晋江、起点、番茄等知名文学网站的影视改编作品累计已超过 70 部。[4]

网络文学向影视作品的 IP 转化首先要选择优秀的原创内容和热门的受众题材。在 2021 年，改编自网络文学的影视作品数量突破 100 部。在播放指数排名前十的剧集中，有六部源自网络文学 IP，包括电影《古董局中局》，以及电视剧《赘婿》《司藤》《雪中悍刀行》

---

［1］ 申慧丽：《媒介生态学视域下网络文学 IP 影视化改编研究》，中南大学硕士学位论文，2022 年。

［2］ 王莉：《网络文学 IP 化迈入新阶段》，《中国商报》2021 年 3 月 25 日。

［3］ 参见《2020 年度中国网络文学发展报告》，2021 年 3 月 18 日。

［4］ 张鹏禹：《第五届中国"网络文学＋"大会举办》，《人民日报海外版》2021 年 10 月 15 日。

《乔家的儿女》，均受到观众广泛好评。到了 2022 年，网络文学改编的电视剧在播放量排名前十的国产剧中占据了半壁江山，而在豆瓣评分排名前十的国产剧中，网络文学改编剧同样占据五席。现实题材改编剧如《风吹半夏》和《相逢时节》在播映指数上名列前茅，而《开端》和《天才基本法》等作品则为影视剧的叙事手法增添了新的维度。此外，诸如《卿卿日常》《苍兰诀》《星汉灿烂·月升沧海》《且试天下》和《风起陇西》等古装剧在口碑和播放量方面也取得了不俗的成绩。[1][2] 2022 年，网络文学改编微短剧的新增 IP 授权数量超过 300 部，较上一年度增长了 55%。[3] 可以看出，言情题材和现实主义题材仍然是 IP 改编的主要趋势。

其次，在媒介融合的当代语境中，诸如影视在内的多元媒体平台凭借其独特的媒介属性，对原创文本即元文本进行深度诠释与重构，生成一系列衍生活动与作品，这一过程为网络文学的持续性发展与拓展提供了关键驱动力。此机制包含"媒介延展"与"叙事延展"双重维度。前者突出文本在不同媒介形式中的转化与创新，后者则关注情节的多元化演绎与扩充。二者共同作用，为元文本构建了丰富的叙事维度与解读空间，允许受众通过多角度、多路径沉浸于故事宇宙，体验层次分明的情感共鸣与审美享受。诸如影视剧改编的跨媒体叙事策略不仅赋能网络文学 IP 的商业化进程，亦催生了一种集约与开放并存的文本生态。一方面，所有衍生创作皆锚定于原作构筑的核心叙事架构，确保故事内核的一致性；另一方面，在场

---

[1]《拓宽文学价值 激发创造活力（创造性转化创新性发展纵横谈）》，载人民网，2022
年 10 月 4 日。

[2][3]《2020—2022 年文学改编影视作品蓝皮书》，载中国作家网，2023 年 6 月 6 日。

景、角色、情节等构成元素上又展现出无尽的创造性与灵活性，促使崭新的故事线索在异质媒介中重组，形成既连贯又多元的故事群落，进而彰显了网络文学及其衍生品在跨界融合中的独特魅力与生命力。[1]

第二节　漫画作品 IP 转化

一、动漫 IP 的多层传播

作为动漫产业核心环节的动漫出版，随着数字化与网络通信技术的持续发展，已逐步演变为涵盖传统纸质图书、报刊、数字出版等多种形式的复合型产业，其内容亦拓展至文学、动画、游戏、影视等动漫相关领域。广受受众欢迎的热门动漫知识产权（IP）通常会经历网络连载、出版、动画化、电影化、电视剧化等多阶段传播过程，在此过程中，动漫出版产业实现了资本回收与价值增值。[2]

移动互联网环境下的动漫出版是伴随着出版形态、发行路径及营销策略的迭代演进而成长的，动漫创作群体与消费市场的急剧扩张，数字出版与融合发展的核心理念，即"一个内容多种表达、一个创意多次开发、一个产品多类形态、一次投入多项产出"，在动漫出版领域得到了生动诠释与实践。从数字漫画的便捷阅读，到跨媒体的分销

［1］曾一果、杜紫薇：《数字媒介时代网络文学 IP 改编的再思考》，《中国编辑》2021 年第 6 期。

［2］杨霞、王爱红：《5G 时代我国动漫出版价值链重构与升级的机理和路径》，《文化产业研究》2022 年第 1 期。

与社交化运营，直至图书、动画、游戏乃至实体商品与主题公园的跨界衍生，动漫出版的产业链条被前所未有地拉长，蕴藏着无可估量的商业潜能。

出版机构立足于各自资源禀赋与战略定位，在动漫内容创作、发行、授权、定制及营销等环节孵化出一系列创新业态。动漫出版与发行领域已从传统的纸质媒介跨越至电子读物的创作与传播，新兴的网络平台、移动通信服务商、交互式电视等渠道为内容分发提供了更为广阔的空间。动漫授权机制进一步将出版机构的业务版图扩展至影视、娱乐等关联产业，构建起跨界合作的共赢生态。动漫定制与精准营销服务充分借力移动互联网的即时性与数字技术的个性化，使出版企业能够直接触达目标受众，实现动漫资产的高效转化与价值释放。[1]

二、IP 化阶段划分

我国动漫出版的"IP 化"经历了三个关键阶段：首先是起步期（2012—2013 年），以《十万个冷笑话》为代表，这是国内首个成功的漫改动画，它成为了动漫 IP 化的代表，开启了动漫出版与互联网平台结合的新模式。

其次是发展期（2014—2016 年），腾讯动漫联合有妖气、绘梦等平台引入网络文学 IP，《狐妖小红娘》《我叫白小飞》等冒险修仙 IP

---

[1]　杜都、赖雪梅：《移动互联网时代动漫的多元化出版模式分析》，《出版广角》2018 年第 9 期。

走进动漫市场，这些作品不仅在动漫领域取得了成功，还进一步拓展到了游戏和其他相关产业，促进了动漫 IP 的多元化发展。[1]

接着是成熟期（2017 年至今），首个中日合作动漫《从前有个剑灵山》证明了动漫出版业实现"IP 化"的必要和可行性。国产动漫 IP 开始更加注重内容生产的质量，以及与受众情感共鸣的建立，通过整合资源和泛娱乐化营销，形成泛娱乐生态的变现模式。[2]

三、动漫 IP 转化形式

知识产权（IP）概念的兴起彻底改变了传统的线性产业链模式，使得卡通形象、漫画、动画、小说等成为 IP 孵化的初始阶段。具备高品质的知识产权拥有巨大的开发潜力，其内容可广泛涉及动画、漫画、小说、电子游戏、影视剧集、舞台剧等多种艺术形式。在泛娱乐浪潮下，漫画 IP 资源的转化呈现多样化形式。以《镇魂街》为例，该作品最初为有妖气网站连载的漫画，随后衍生出动画版本，并进一步发展为真人剧集。这种基于知识产权（IP）的开发模式在"秦时明月"系列、"画江湖"系列等项目中亦有所体现。依托 IP 的动漫一体化发展模式有助于实现动静态内容的有机结合、优势互补，从而提升动漫产品的整体开发价值。[3] 网络文学作品《斗罗大陆》亦经历了

［1］ 刘智星：《以"IP 再造"为核心的动漫出版模式分析——以腾讯动漫为例》，《新闻传播》2022 年第 2 期。

［2］ 熊静怡：《新媒体背景下国产动漫 IP 的传播策略研究》，《新闻传播科学》2023 年第 4 期。

［3］ 朱逸伦：《融媒体时代我国动漫出版特征新变及启示》，《出版广角》2018 年第 18 期。

数字化转型，首先被改编为漫画，继而由杭州玄机科技制作成同名动画剧集，最终形成了具有绚丽场景和精彩打斗场面的《斗罗大陆》动画系列，赢得了广大动漫爱好者的青睐。[1]

在新媒体环境的影响下，动漫 IP 的高质量转化也面临前所未有的机遇与挑战。首要之务是深化新兴数字技术的具体应用，以 AI、5G 以及区块链为代表的前沿科技，为 IP 转化注入强劲动能。AI 可助力内容创作与个性化推荐，5G 则加速数据传输，提升用户互动体验，而区块链技术的应用则保障版权安全，促进公平交易，为动漫 IP 的全链条运营提供技术支撑。其次，优化数字化动漫出版的供给侧结构，要求我们探索更加多元化的传播模式。这不仅涉及对传统出版模式的革新，更需着眼于新媒体平台的深度融合，如社交媒体、在线视频平台及虚拟现实、增强现实技术的应用，以此拓宽动漫 IP 的触达范围，满足不同受众群体的差异化需求，同时增强作品的沉浸式体验与互动性。此外，构建完善的数字化动漫出版人才体系亦是重中之重。[2]鉴于动漫产业的跨学科特性，培养具备艺术创意、技术应用与市场洞察力的复合型人才，对于推动动漫 IP 的持续创新与发展至关重要。这包括专业教育的升级、行业培训的强化以及国际交流的拓展，旨在打造一支既能理解动漫艺术精髓，又能掌握最新技术工具，且具备全球视野的人才队伍，从而确保动漫 IP 在数字化转型过程中的独特优势与文化影响力。

---

[1] 杨霞、王爱红：《5G 时代我国动漫出版价值链重构与升级的机理和路径》，《文化产业研究》2022 年第 1 期。

[2] 许盛：《数字化赋能动漫出版高质量发展思考》，《中国出版》2022 年第 16 期。

第三节　游戏作品 IP 转化

我国游戏市场已进入成熟阶段，移动游戏用户对品质的需求逐渐提升。经典 IP 因其天然的流量优势、市场认可度高以及用户黏性强等特征，逐渐成为各大游戏厂商的首选目标。

一、动漫和文学来源的支撑

根据公开网络数据，2017—2020 年，中国 IP 改编的移动游戏市场规模逐年攀升。受全球新冠疫情影响，2020 年线上娱乐活动需求激增，导致 IP 改编移动游戏市场规模突破 1200 亿元，增长率超过 25%。动漫和文学作为两个主要 IP 来源，在当前 IP 改编移动游戏中已占据一定市场份额，相关游戏数量也不断增加。

国内将动漫改编成游戏的原因不仅是因为动漫 IP 本身的粉丝基础庞大，也是因为游戏市场对于高质量内容的需求与日俱增。例如由有妖气漫画正版授权、热门热血国漫《镇魂街》改编的同名横版格斗手游《镇魂街：天生为王》，该作完美还原了漫画中的经典人物和热血剧情。又如，由魔方工作室群开发的、改编自同名动漫的横版动作类手机游戏《一人之下》，无论是从新增内容的趣味程度，还是从战斗体验上来看都令人眼前一亮，是一款兼具了国术格斗和市井文化魅力的游戏。

诸多游戏基于小说、诗歌或其他文学素材，将其故事情节、人物设定及世界观转化为互动娱乐体验，这种现象在游戏行业中相当普遍。例如，《王者荣耀》游戏开发者巧妙地将李白的《侠客行》中的名句"十步杀一人，千里不留行"融入到角色配音中，这不仅与李白在游戏内刺客的身份完美契合，也展现了游戏与古代文学的巧妙结合。这种设计让玩家在享受游戏的同时，也能体会到古代诗词的魅力。再如腾讯光子工作室推出的《画境长恨歌》，游戏团队深入研究了《旧唐书》《新唐书》以及白居易的长篇叙事诗《长恨歌》，力求在游戏中重现唐玄宗与杨贵妃的传奇故事。游戏采用了清新唯美的国风美术风格，并提供了对诗歌原文的注解和赏析，使玩家在沉浸式体验中，能够从不同角度理解和感受这段历史。这种创新的游戏设计不仅丰富了玩家的文化体验，也促进了传统文化的传承与发展。[1]

二、游戏 IP 精品化运营

对于多数游戏企业而言，IP 可以有效提升产品竞争力，为确保竞争力的可持续性，企业需要通过精品化运营投入来维护 IP 的影响力。

游戏 IP 的运营主要分为内容运营、产品运营和用户运营。在内容运营方面，不论是原创 IP 还是改编 IP，其核心故事的打造始终是能否实现跨媒介运营的前提。游戏的核心故事需要一个有特色的、包容性强的背景，为游戏后续故事讲述提供空间，例如《江南百景图》游戏中的明朝，《原神》游戏中的提瓦特大陆等。此外，核心叙事框架的构建亦需依托一套秩序观念，以塑造受众对作品的认知。这要求构建一个统一且具有强大普适性和共享性的世界观，从而最

---

[1]　何宇轩：《中国传统文化元素在电子游戏产业中的融合研究》，中南大学硕士学位论文，2023 年。

大程度地激发广大用户的共鸣。[1]

在产品运营方面，打造系列游戏 IP 并形成产业链闭环的领军者，大多为腾讯、网易等头部企业。这些巨头不仅限于游戏开发，而是前瞻性地布局互动娱乐生态，通过整合 IP 资源，驱动泛娱乐领域的深度开发与运营，构建起 IP 价值最大化的运营体系。在头部企业之外，中小型游戏公司则倾向于采取版权授权模式，依托文学、漫画、影视与游戏的跨界联动，实现 IP 的全产业链价值延伸。从产业链的宏观角度来看，游戏厂商围绕 IP 核心，纵向贯通出版、影视、游戏、动漫等多元领域，构建生态闭环，刺激用户消费，有助于形成游戏 IP 的全链路价值循环。以盛趣游戏为例，其拥有多元化的 IP 储备和高质量的 IP 来源，涵盖二次元、国风、魔幻等多个领域，具备进入不同用户群体的能力，通过差异化产品吸引年轻用户和消费能力成熟的中年用户。此外，盛趣游戏还从动漫、小说等不同文化领域获取了一系列 IP 资源，进一步拓展了文化 IP 基础，吸引更多的粉丝用户。

在用户运营方面，游戏企业倾听用户心声，以用户需求为导向，持续优化产品体验。游戏用户尤其是资深粉丝，以其深度参与和高度热情，成为游戏生态中不可或缺的力量。他们对游戏内容的苛求与对 IP 的深厚期待，为企业提供了宝贵的反馈与灵感源泉。因此，游戏厂商重视用户意见，将其视为产品迭代与创新的催化剂。此外，鼓励用户参与式生产，构建开放的内容创作平台，举办各类创作竞赛，也是激发用户创造力、深化用户黏性、丰富 IP 生态的良策。游戏厂

---

[1] 雷逸慧：《跨媒介叙事视角下国产游戏 IP 运营策略研究——以〈阴阳师〉为例》，华中科技大学硕士学位论文，2021 年。

商积极采纳并整合用户优质创作内容，融入产品开发流程，以此丰富 IP 内容矩阵，增强 IP 的市场竞争力与生命力，实现 IP 的长效运营与发展。

三、版权方的偏移：由授权向合作的转向

因 IP 在移动游戏领域的成功表现，IP 版权方与 IP 改编方的关系逐渐从授权开发转向合作开发。行业对跨领域合作的尝试与探索不断深入，更深层次的合作模式开始形成。以《庆余年》为例，企业在 IP 拓展初期即规划了阅文集团、新丽传媒、腾讯影业、盛趣游戏等企业参与的"影书游"三方联动发展方向。在影视改编方面，剧集推出后热度显著提升，原著在起点读书 App 上的在线阅读人数与单书在线阅读收入增长了 50 倍。[1][2] 电视剧《庆余年》更是积累了超过百亿的播放量。移动游戏的推出进一步拉近了 IP 小说、影视和游戏作品之间的关系。IP 改编各方建立了一套部门间紧密协作的日常机制，维持了对原著的基本保留，同时进行改编与内容填充。在游戏开发过程中，各方就建模、世界观等方面保持合作沟通，推进 IP 游戏化改编，并对空缺剧情进行填补。在产品营销层面，通过电视剧《庆余年》中的人气角色进行铺垫，调动 IP 粉丝、电视周边粉丝和明星粉丝三方面用户的关注，使得游戏在正式上线前就积累了超过 800 万的预约量。《庆余年》的改编思路成为优化 IP 合作开发模式的一个典范。

---

[1] 伽马数据：《2021—2022 移动游戏 IP 市场发展报告》，2022 年 8 月 19 日。

[2] 舒晋瑜：《现实题材创作整体崛起，粉丝化建设全面推进》，《中华读书报》2020 年 3 月 25 日。

　　《仙剑奇侠传》作为我国单机游戏的代表 IP 已有二十余年历史，在移动游戏领域的潜在价值超过 35 亿元。这一价值既源于 IP 本身的影响力，多年的发展让"仙剑"IP 积累了大量的核心粉丝和文化内容，其用户群体既包含消费能力成熟的中年用户，也包括喜好国风的新生代年轻用户，因此在移动游戏领域具有较高的开发潜力。另一方面，"仙剑"IP 的价值还来源于版权方中手游在 IP 运营上的实力。目前，"仙剑"IP 的所有权益已被中手游收购，该公司具备丰富的 IP 产品开发经验，有实力推出高质量的移动游戏，拓展 IP 的商业化潜力。在"仙剑"IP 运营中，除了推出游戏续作外，中手游在 2022 年 8 月公布首支游戏实录 PV，并于 2023 年中正式上线移动游戏《仙剑奇传：世界》。随着仙剑元宇宙的上线，过去积累的"仙剑"IP 品牌价值有望得到集中实现，并随着元宇宙的沉淀，IP 价值有望进一步增长。此外，中手游还在影视、小说等领域加大投入，深入挖掘 IP 的文化价值，向用户呈现更为多元化的"仙剑"内容。"仙剑"IP 还开展年轻化战略，通过与多个广告商合作开发模型玩具、盲盒等年轻化产品，提升"仙剑"IP 在年轻用户中的影响力。在跨领域的游戏、影视、文学等方面共同布局下，"仙剑"IP 将积累更高的价值，并有望取得良好的商业化成绩。

第四节　文创产品 IP 转化

　　在文化创意产业中，与国潮及传统文化相关的文化创意 IP 获得了普遍的青睐。众多出版机构纷纷涉足知识产权开发，依托文本内容，推出了诸多富有创意的文化创意产品。这些实践表明，出版企业在文创 IP 开发中，通过全产业链 IP 孵化、合作创新、限量版图书周边和场景化开发等多种方式，不仅拓展了产品形态，也丰富了文创产业链，取得了良好的市场回应。然而，文创 IP 的开发过程要求具备专业团队的支持，并且需要拓展线下销售网络。针对文创产品形式单一化的问题，出版业界在文创 IP 的开发领域尚需深入探索与持续优化。[1]

一、独立品牌的创建

部分国内出版机构在累积了丰富的出版内容、读者群体及作者资源之后，以全产业价值链的知识产权孵化为重心，创立了独立的品牌，并开发了多元化的文化创意产品。通过构建出版物文化创意品牌的影响力，其目的在于促使公众在进行消费选择时，能够认同并优先考虑特定品牌。出版社在涉足文创产品开发前，首要任务是精心塑造品牌形象，无论是通过鲜明的色彩搭配抑或是具象化的设计符号，均需契合时下主流审美，与时代风尚同步，以吸引目标消费群体的注意力，增进品牌记忆点，最终实现品牌与产品的双向赋能，共创市场佳绩。[2]

以白马时光为例，该企业于 2018 年 3 月正式成立"白马时光文创"，其文创产品广泛覆盖箱包、食品、文具、首饰、办公用品、生活用品等多个领域，形成了多元化的产品结构。此外，白马时光与共

[1]　杨瑞：《中信出版集团 IP 化经营策略研究》，华东师范大学硕士学位论文，2023 年。

[2]　蔡雨含：《出版社发展出版物文创策略研究——以人民文学出版社为例》，南昌大学硕士学位论文，2023 年。

享办公领域的领军企业"世鳌国际"展开合作，将文创产业拓展至办公领域，实现了文创产品从出版业产业链的延伸，进一步拓展了产品形态。

国内著名插画艺术家呼葱觅蒜与人民交通出版社携手推出的"呼葱觅蒜合作系列"构成了一个成功的典范。该系列巧妙地将艺术家独具特色的绘画风格与文化创意产品相结合，产品线涵盖明信片、抱枕、帆布包、扇子、日历等多种形式，实现了商业上的显著成就。[1]人民文学出版社文创部及"人文之宝"品牌于2019年4月成立，以"90后"组成的创新团队为特色，销售业绩在成立3年后就突破2000万元，其中"正子公也"系列文创首次实现"出圈"，销售额累计近千万元。[2]

二、图书内容特色衍生

结合图书内容特色，推出限量版图书周边衍生品也是出版社进行文创IP开发的一种常见方式。出版品牌IP的推广若仅仅依赖于传统的选题策划与营销策略，难以在竞争激烈的文化市场中持续吸引关注并维持其影响力。要为增强读者及更广泛消费群体对品牌的忠诚度，出版业必须深入探究图书产品所蕴含的文化价值，并探索其潜在的转化能力，以丰富出版文化创意的多层次价值内涵，进而为文化消费者提供新颖独特的体验。在此背景下，品牌联名作为一种产业融合的创

---

［1］尉伟、胡大海：《跨界融合背景下出版文创的创新路径》，《编辑学刊》2022年第6期。

［2］《5万份数字藏品上线秒罄！人文社文创推出正子公也三国系列动态版画》，载中国出版传媒网，2022年5月11日。

新策略，正逐渐成为文化市场所追捧和青睐的对象。

联名营销的核心优势体现在跨界合作上，即通过创意性结合，实现原本隶属于不同产品领域的品牌间的融合，通过推陈出新，不仅巩固了原有市场基础，还开拓了潜在的消费群体，实现了品牌影响力的叠加与延伸。对于出版行业而言，品牌联名不仅可以带来跨界惊喜，更开启了传统纸质图书向多媒介转化的全新路径。通过将书籍的内容精髓或外观设计转化为其他媒介形式，如影视、音频、数字出版物乃至实体商品，出版物的传播载体得以显著扩充，其文化价值与商业潜力也随之倍增。

品牌联名的实践不仅彰显了出版业对文化传承与创新的积极探索，也体现了对现代消费者多元化需求的深刻洞察。它促使出版品牌跳出传统框架，主动寻求与非传统合作伙伴的协同创新，通过跨界合作激发创意火花，丰富出版物的形式与内涵。例如，与时尚界、科技企业、旅游产业等领域的品牌合作，不仅能够为图书产品增添时尚元素、科技感或地域文化特色，还能通过联名活动、限量版发布等形式，提升图书的收藏价值与话题热度，进而吸引更多目光，扩大市场影响力。[1] 以上海译文出版社为例，为纪念诗人惠特曼诞辰 200 周年，推出了限定周边"森林书房·草叶"，将图书内容与周边产品巧妙结合，为消费者提供了独特的阅读体验。人民文学出版社设计的海明威 120 周年纪念礼盒则以经典作品《老人与海》为主题，采用以文创为主、图书为辅的设计思路，包含图书、渔夫帽、鲨鱼鳍 T 恤、

---

[1]　吴昉：《融合视域下出版文创产业品牌 IP 价值实现与路径探析》，《出版广角》2022 年第 3 期。

船形帆布包等多种产品，成功摆脱传统"图书+"模式。

三、场景化的文创

出版社采用场景化手段开发文创产品，是一种将抽象的文化理念具象化，将静态的阅读体验动态化的过程，旨在通过营造特定的生活场景，将出版物与日常生活的各个层面巧妙融合，从而提升用户体验，增强品牌影响力。这一策略不仅丰富了文创产品的形态，更深层次地挖掘了出版物的潜在价值，为出版社的多元化经营开辟了新的道路。

出版社基于场景化思维开发文创产品，首先是要深度分析出版物的主题、情感基调和文化背景，提炼出具有代表性的场景元素。比如，一本关于古代历史的小说，可以围绕其中的服饰、饮食、建筑等细节，开发出相应的场景化文创产品，如复刻的古风饰品、仿古书签或茶具套装。其次是出版社需要深入了解目标用户的生活习惯、兴趣爱好和消费心理，将这些洞察融入文创产品的设计中，确保场景化文创能够贴近用户的真实需求，提高产品的实用性和吸引力，例如为喜爱户外探险的读者设计与探险主题相关的装备包、地图册等。再次是出版社应积极寻求与其他行业（如设计、旅游、餐饮等）的合作机会，整合外部资源，共同打造场景化文创项目。例如，与旅游景点合作推出主题游线路，或与餐饮品牌合作推出主题餐食，以出版物为灵感来源，创造沉浸式的体验场景。另外，出版社还需要结合线上平台与线下活动，构建全方位的场景化体验。线上可以开设主题网店，销售场景化文创产品；线下则举办主题展览、读书会等活动，让用户在真实环境中感受出版物的魅力。例如,《读者》杂志旗下的"读者·书房"通过构建"阅读场景"并结合品牌理念[1],成功推出了文创产品,其中实体店"读者文化生活馆"在深圳取得显著销售成绩,展示并销售各类文创产品,为出版社文创线下渠道销售提供了成功的案例。

　　场景化开发文创产品,对出版社而言,不仅是一种营销创新,更是一种文化价值的传递和品牌精神的展现。它通过创造与出版物主题相呼应的场景,让读者在使用文创产品时,仿佛置身于故事之中,增强了阅读的沉浸感和参与感。这种深度体验不仅能够加深读者对出版物的理解和情感连接,还能够激发读者的分享欲望,通过口碑传播扩大品牌的影响力。

　　此外,一些场景化的文创产品往往具有较高的收藏价值和实用性,能够满足消费者对美好生活的向往,成为日常生活中的一部分,从而提升出版社品牌的市场竞争力。通过持续的场景化创新,出版社能够在读者心中建立起独特的品牌形象,促进读者忠诚度的提升,为出版社的长远发展奠定坚实的基础。

第五节　知识付费产品 IP 转化

　　知识付费产品领域已经形成了多种 IP 转化模式,其中电子书转化和有声书转化是主要的发展方向。出版企业具备自主进行电子书转

---

[1]　宋朝丽:《跨界融合背景下出版文创的产业布局思考》,《出版广角》2017 年第 22 期。

换的能力，而在有声书转换方面，部分企业亦能独立承担。若面临制作条件的限制，企业可选择将相关工作外包给具备专业能力的第三方公司，并在诸如喜马拉雅、蜻蜓 FM 等音频平台上发布。企业通过对图书内容的系统梳理与总结，将核心知识以课程化的方式传递给用户，节省用户获取知识的时间成本。作者本身若拥有粉丝基础和策划能力，也可参与课程的制作和发布。

一、社群经济的扩散

互联网技术的发展极大地简化了社群间的联系与兴趣的聚合过程。社会学家瑞格尔德提出了"虚拟社群"这一概念，其指的是通过互联网技术连接起来的、超越地理界限的人群，他们之间进行交流沟通、信息与知识的分享，从而形成基于共同兴趣爱好的情感共鸣和特殊关系网络。[1] 在知识付费产品中，以社群经济为典型代表的热门 IP 正经历前所未有的蓬勃发展。以《罗辑思维》为例，该平台通过两次会员招募活动，成功吸引了近 3 万名会员，从而带来了近千万元的会员费收入，其市场估值已接近 7 亿元人民币。该平台的成功不仅归因于其内容的卓越品质，更在于其对粉丝群体的精细化运营策略。[2] 社群运营包括线上福利赠送和在各地设立的会员朋友圈，举办不同的线下活动，进而提升社区的凝聚力，促使品牌影响力持续扩

［1］ 刘霞：《场域理论视角下社交媒体时代新闻生产的博弈》，《商洛学院学报》2018 年第
　　　5 期。

［2］ 易图强、汪俊洁：《数字出版选题策划的战略方向选择》，《新媒体研究》2021 年第
　　　6 期。

散，构建起强大的社群经济体系。

社群经济下的知识付费发展路径，首先是注重内容与社群角色的转化。在知识付费市场中，社群作为内容沉淀与角色转化的平台，其核心是提供高质量内容与服务。优质的内容是社群养成的基石，而非个人崇拜所带来的短暂流量。现代社群应实现自我造血，注重内容生产与社群角色的持续性转化，以促进可持续发展。

其次，知识付费市场应聚焦特定利基市场，吸引有深度知识需求并愿意付费的用户。与个人崇拜聚集的粉丝市场不同，知识付费用户基于知识学习需求建立社群，具有更强的持续性和互动性。知识付费市场产品开发应以用户参与、生产、传播、互动为核心，整合线上线下社群，利用多元化移动终端和应用服务，实现社群价值的放大效应。

再次，知识付费市场亟须构建品牌意识，重视用户精神需求，以知识增长为卖点。品牌社群以核心消费者为中心，形成共享的群体意识，通过营销手段，将内容和服务包装成品牌，满足知识付费市场对内容创作者与消费者一体化的核心消费群体的需求。

此外，知识付费内容衍生市场的开发，建议引入第三方战略合作伙伴，以吸引投资并构建双边市场模式。知识付费平台应重视优质内容进驻后的发展，结合品牌打造，构建现象级的知识付费模式。通过线上付费问答机制，建立社群联系，深入理解社群成员需求，精确产出内容，并推荐相关产品和服务，实现社群经济商业模式的创新。

二、有声书的兴起

有声产品是另一典型的知识付费产品形态。有声产品起源于传统广播的"你播我听"传播模式。随着互联网时代的到来，传播语境经历了深刻的变革，导致原本处于被动接受状态的"受众"身份转变为积极参与互动的"用户"。用户消费逻辑的演进，以及有声书产业的兴衰，在一定程度上取决于平台与内容创作者是否能够对行业瞬息万变的趋势和用户细微的偏好作出迅速而精确的响应，实现从"听众思维"向"用户思维"的转变、内容创作与市场需求的无缝对接。[1]例如，四川文艺出版社的有声图书在遭遇"影视寒冬"时，该出版社迅速调整战略，将发展重心放在音频出版方向，初见成效。其"大声武气"线上有声品牌包括畅销有声书、特色分享栏目、轻社科课程和声音主播培训，致力于打造具有粉丝黏性的社群。再如《三联生活周刊》旗下产品"三联中读"App，继承了三联品牌的文化传承理念，以音频资源为载体，实现对期刊的转型升级。该平台在人文和艺术专题领域推出多个精品项目，包括数字刊、知识课、听书、听播客、训练营、测一测、共学和年报等。[2]

作为跨媒介叙事的一种方式，有声书在文本再造和效果呈现上也需要进行精细化提升。第一，要基于媒介平台特性，通过多元场景进行场景化的再创作。有声书平台应细分用户场景，如"在路上"或"睡前"等以提供沉浸式体验，促进用户高度投入和兴奋感。第二，要促进多主体的参与。跨媒介叙事强调叙事主体的多元性，用户并非单纯的信息接收者，而是内容创作的主体。通过参与互动，用户

[1] 余苗、吴雨晴：《IP 有声书跨媒介叙事策略研究——基于大众审美转变视角》，《中国出版》2022 年第 23 期。

[2] 刘丽娜、杨敬、孔令超：《"三联中读"知识服务对图书馆阅读推广的启示》，《图书馆学刊》2023 年第 1 期。

在叙事过程中扮演了积极角色，进而有效促进了情节的推进。有声书通过跨媒介叙事，从 IP 原点衍生出分支故事，形成开放性故事宇宙。例如，《琅琊榜》的广播剧和同人音频作品都展示了粉丝基于原故事的自我生产能力。第三，要构建基于原文本的故事宇宙。跨媒介叙事以同一知识产权核心为起点，通过运用多样化的媒介形式，例如电视剧、电影、广播剧等，创作出具有文本差异性的多元媒体文本，进而构建一个宏大的故事宇宙。例如，《全职高手》通过不同媒介形态，形成了连贯而多元的故事情节，满足了用户对内容精致化的审美追求。第四，强化知识传播功能。有声书不仅是娱乐媒介，也是知识传播的工具。在技术层面上，有声书平台能够提供多种版本的有声读物，包括音频纯享版和互动畅享版，旨在整合不同媒介内容的优势，实现互补。在内容层面上，有声书平台能够构建多样化的知识 IP 消费模式，例如，通过集成互动练习与点评功能的版本，或创建知识学习社群。以"得到"平台为例，其通过知识城邦和"讲义"系列，构筑了知识地图，为用户提供了创新的学习途径。

第七章
经验与挑战：上海出版业 IP 运营实践

"推动文化事业和文化产业繁荣发展"，"推进国际文化大都市建设，提升城市文化软实力"，"加快打造文化自信自强的上海样本"，一系列重大命题、重要任务都与上海出版业发展息息相关。上海如何打造世界级出版 IP 高地？必须对上海出版业 IP 运营实践有清醒的认知，要系统、精准、全方位落实创新发展的理念，打造新的增长架构，促进出版领域实现高质效进步。

第一节　上海出版机构 IP 运营现状

一、大众出版 IP 运营

在大众出版领域，出版企业通过差异化的内容创作和 IP 开发，积极参与内容生产，以满足用户多样化需求为导向。中信出版集团、上海三联书店等大型出版机构通过搭建多元化平台，深化 IP 内容生态构建。中小型出版单位则依托数字渠道发布创意资源，持续优化市场多样性。

大众出版企业建立了专门的文创部门，致力于 IP 文创的开发。例如，人民文学出版社成立了文创部，推出"人文之宝"品牌，通过自营微店平台线上销售产品，如伍尔夫咖啡杯、三国主题 T 恤等，取得了良好的口碑。中国画报出版社和上海译文出版社等也在文创领域推出了备受欢迎的产品系列。

大众出版企业更加注重用户需求，立足用户视角开展市场调研与用户访谈，基于使用体验数据，聚焦垂直细分市场，开发定制化服务方案。一些企业聚焦新生代消费市场，通过跨产业联动的 IP 开发模式创新，深度融合数字化生活方式，实现文化基因的当代转译。大众出版企业将全版权运营定为未来发展目标，通过人力、物力、财力投入，输出多种形态产品，推动内容在不同形态之间的有效转化，提升出版企业的生产效率与运作方式。

大众出版企业通过积极的 IP 开发和文创建设，不仅满足了市场需求，而且为传统文化注入了新的活力。随着全版权运营的发展和对社会责任的重视，大众出版业将持续推动内容多元化，提升文创品牌的影响力，以适应不断变化的娱乐和文化市场。

（一）中信出版集团：多元化 IP 经营

中信出版集团通过构建 IP 生态体系，形成内容资产的多维开发架构，完成对核心知识产权的系统性整合与创新性开发。以《小家，越住越大》系列图书为例，中信出版集团将作者的"住商"理念不断更迭，逐步扩大 IP 生态。类似作品《这里是中国》系列科普读物则通过详细的内容框架和视觉设计，形成体系感，提升了读者的阅读黏性。

中信出版集团在对内容资源进行创造性加工的基础上，还对原有内容进行重组和延伸。以《原则》系列的 IP 开发和衍生为例，作者将其改编为绘本形式，拓宽了目标受众范围。通过这种方式，中信出版实现了对核心内容的进一步提炼，实现了《原则》系列 IP 的持续性开发。中信出版依托垂直领域标签体系，实施百位专家型知识创作者矩阵的 MCN 机构化战略布局。其知识付费生态覆盖财经、博物、医疗等专业赛道，通过构建短视频、图文专栏、直播交互等全媒介触点体系，打造沉浸式用户认知界面，实现高密度价值传递。这种作者 IP 的多元开发，借助跨界互动和二次创作，实现了科普内容在更大范围传播的效果。

中信出版集团注重 IP 系统化经营。2020 年初，集团与《出版人》杂志携手推出了一个可以整合内容资源，为出版策划机构和个体提供支持的"共享出版平台"。中信出版通过将作者、策划人、读者连接在一起，实现了出版资源价值共创。共享出版平台构建了知识资产从系统性聚合到生态化培育的转化通道，同步完成价值图谱构建与结构化数据沉淀，为知识产权策划提供智能决策支撑，最终形成内容全生命周期管理闭环，建立动态优化机制。这种系统化的经营方式为中信出版集团提供了更深入的运营数据指导，从而帮助其更好地应对市场变化。

在 IP 资源的多元开发方面，中信出版集团通过打造中信书院牢牢把握内容生产的主导权。中信书院自 2017 年建立以来，通过对内容展开全版权的开发，为用户提供定制化解决方案，制作了电子书、有声书、音视频栏目、课程等数字内容产品，其深知跨媒介叙事对整合内容资源的重要性。[1]同时，通过对内容文本进行多媒介开发——例如，《刘慈欣科幻漫画科普课堂》通过专业的主播配音，为受众创造沉浸式电影体验——实现图书内容与科普课程之间的互文与呼应。

中信出版集团旗下创新品牌大方基于对用户的长期研究，战略孵育华语文化圈首个文学音频知识工程，建构立体化内容传播生态"跳岛 FM"。通过涉足播客领域，中信大方实现了对文学 IP 的深度挖掘，同时也符合新媒体时代的内容生产逻辑。

中信出版集团通过多元化的 IP 经营，包括品牌化经营、系统化经营和多元开发，成功实现了对内容资源的全面利用。他们注重 IP 的品牌化打造，通过改编和重组实现 IP 的持续性开发，并通过共享出版平台和中信书院等举措，形成了系统化的 IP 经营模式，其经验为传统出版企业运营提供了有益的借鉴。

（二）上海三联书店：打造出版文创 IP

2005 年，上海三联文化传播有限公司由上海报业集团解放日报社、上海三联书店有限公司、上海绿地集团共同出资成立，旨在贯彻上海三联书店的出版宗旨"真诚生活、认真读书、追求新知"，该公司承担了上海三联书店全部图书的发行和销售任务，并借助上海

---

[1] 杨瑞：《中信出版集团 IP 化经营策略研究》，华东师范大学硕士学位论文，2023 年。

三联书店品牌 IP，致力于图书出版项目和文化产品的开发。[1]上海
三联书店 2015 年进入图书零售行业，逐步构建起多地文化服务矩阵，
通过内容生产、空间运营、文创研发等全产业链环节的深度耦合，已
形成独具特色的 IP 价值转化体系，成功塑造新型文化消费业态的标
杆范式。

相对于过去出版发行与文化产品销售分离，导致图书出版、书店
售书和文化用品商店运营形成独立的业务发展模式，图书发行体制改
革的推进让国有书店通过多种所有制和"三产"等方式提高了市场竞
争力，使得图书以外的文化产品再次成为书店的经营业务[2]，由此书
店扩大了业务范围。

近年来，上海三联书店实施品牌 IP 授权模式战略升级，系统性
拓展文化消费终端网络，其多元文化综合体深度耦合在地文脉、文旅
消费与商圈生态，实现用户黏性与商业价值的双效提升。"旅人书房"
主题书店、金山城市沙滩店等特色书店不仅打造了独特的文化空间，
还为出版文创产业的产品孵化提供了有利条件。其经营数据显示，文
创板块空间占比均值突破 36%，一定程度上印证品牌 IP 赋能的复合
业态文化空间对出版衍生品产业链形成显著赋能效应。

在创意经济范式下，智力成果转化均受知识产权法律体系规制。
专利制度、著作权机制、商标权属及设计专有权四大支柱构成核心法
理架构，为文化创意产业与知识经济提供制度性保障。在新业态背景

---

[1]　吴昉：《融合视域下出版文创产业品牌 IP 价值实现与路径探析》，《出版广角》2022 年
　　　第 3 期。
[2]　上海市书刊发行行业协会：《上海图书销售行业文创市场现状及发展前景研究调研报告
　　　（2021）》，2021 年。

下，上海三联书店探索了商标权授权、外观设计专利权与著作权共享的创新模式，构建出版文创与知识产权保护体系运作的新范式，通过出版单位授权品牌 IP 的运营模式，不仅有助于推广出版品牌形象和提升图书产品销售额，还创新性地开辟了一条实现商标权、著作权、专利权"三权共享"的路径。[1]

二、教育出版 IP 运营

教育出版领域的出版机构大多为了满足师生、教育部门等不同对象的广泛的学习需求选择建立在线教育平台或者开发特定的内容。这些企业与同行外部机构展开合作，通过战略协同机制实现技术生态位缺失与数据资产短板的跨域补偿，构建数字基座支撑的教育科技集成系统。该体系涵盖智能教学资源库、交互式课程引擎及自适应测评矩阵三大核心模块，不仅精准对接混合式教学模式创新需求，更完成从单向服务供给向用户价值共生体的范式跃迁，开创知识生产模式 2.0 时代的教育服务新生态。

教育出版产业升级依托教学知识资产的系统化沉淀，教师通过网络资源库获取原始素材，开展协同创新与迭代开发，再反哺网络形成动态优化的教学智慧网络，驱动课程内容生态的螺旋式进化。当前，教育出版企业在注重 B 端服务的同时，逐渐将业务方向转向 C 端，强调对用户的运营和连接。教育出版企业加速推进产业数字化进程，

---

[1]　吴昉：《融合视域下出版文创产业品牌 IP 价值实现与路径探析》，《出版广角》2022 年第 3 期。

通过在纸质书上附加二维码实现跨介质增值，或构建图书数字平台，开启纸质内容资产的多维价值开发通道。在"双减"政策驱动下，教育出版企业聚焦核心素养培育体系，打造知识服务产品矩阵，构建涵盖课程设计、教学支持、评估反馈的全景式教育服务生态，以更好满足用户需求。

（一）华东师范大学出版社：IP 资源的数字化

华东师范大学出版社通过数字化业务流程的优化、产品结构的拓展创新以及品牌的数字化延伸建设，实现 IP 资源的全面数字化建设。从自主建设 ERP 和 CMS 系统到打造"智慧树"出版云平台，再到移动学习端"华师微视"和全媒体数字平台"美慧树"，华东师范大学出版社在教育出版领域积极探索数字化转型的新模式。通过核心图书品牌《一课一练》的延伸，华东师范大学出版社不仅创新了内容形式，还建立了全面的内容支持平台，成功地实现了品牌的数字化延伸建设。

华东师范大学出版社的教育出版 IP 运营的经验首先是数字业务流程的优化。出版社通过自主建设 ERP 和 CMS 系统，重新构建和改造了社内的信息流和内容流，为数字化出版实践奠定了基础。随后，通过历时两年的努力，打造了"智慧树"出版云平台，实现了对出版社内内容资源的全方位整合。编辑在不需要外部技术支持的情况下就可以打造出自己的融合出版产品。[1] 同时，该平台通过对

---

[1]　李燕：《基于媒介融合的教育出版商业模式创新研究》，华东师范大学硕士学位论文，2022 年。

用户数据的收集和分析构建了目标用户的确切用户画像，为提供更加精准化的数字服务奠定了基础。这一举措不仅为传统出版增值赋能，还将融合发展理念切实融入到了教育出版的流程之中，推动了教育出版生态圈的建设。该平台通过对用户的数据分析构建学习者认知图谱模型，实现知识服务需求的智能适配与动态预测，为教育出版价值链的智能重构提供核心算法支撑。此技术范式创新不仅驱动传统出版转型，更通过服务颗粒度优化，开创智慧教育服务共同体的新型产业架构。

其 IP 运营的另一重经验是产品结构的拓展创新。华东师范大学出版社通过"华师微视"移动学习端和"美慧树"全媒体数字平台的开发，满足了学生的多元化学习需求。其中，"华师微视"用户访问量超过百万，平台拥有近万个微视频。基于学前教育专业优势，"美慧树"全媒体数字平台实现了对幼儿园课程教育的一体化解决方案。此外，通过打造出版社官方资源平台"教育汇"，方便编辑在融合出版上的操作，通过数据整理和分析构建用户行为感知系统，实时驱动产品迭代与推广策略的动态调优，形成需求导向的运营闭环。

教育出版 IP 运营的成功经验还在于品牌的数字化延伸建设。华东师范大学出版社充分认识到在数字出版新模式中传统生产方式的局限性，以核心图书品牌《一课一练》为中心，实现了品牌的数字化延伸建设。通过内容的延伸价值开发，如教辅彩信、网络教育视频和教育游戏网站《一课一练》之传说之旅"，成功地将品牌从传统卖书转变为卖知识服务。《一课一练》采用"纸书＋二维码"的模式，形成多模态学习资源矩阵，建立全渠道服务网络，不断延伸读者的需求，巩固了品牌的忠诚度，也成为华东师范大学出版社在品牌和市场中的重要代表。

华东师范大学出版社通过多层次的优化和创新，从业务流程到产品结构再到品牌建设，实现了 IP 资源的全面数字化。这一全方位的数字化转型不仅提高了编辑的操作效率，也满足了多元化学习需求，同时巩固了核心图书品牌的市场地位。

（二）华东理工大学出版社：迪士尼 IP 差异化授权

华东理工大学出版社与迪士尼的差异化授权模式，成功开发了以英语语言学习为特色的迪士尼品牌图书系列，涵盖大电影双语阅读、中小学教辅、全英文版图书、漫画、绘本、星球大战、加勒比海盗、美女与野兽和文创类周边产品等 IP。借助迪士尼形象和故事逻辑，该社通过改编和原创两种方式进行图书开发。这一合作不仅在传统图书市场取得显著成绩，还通过与亚马逊、掌阅等互联网公司的合作，以及与百词斩、沪江网等教育学习平台的战略合作，成功拓展了迪士尼品牌图书的业务领域，深耕线上渠道，传播企业品牌形象，实现了知识服务领域的积极尝试。

通过差异化授权模式，华东理工大学出版社与迪士尼合作主要分为两种形式：一是改编迪士尼全球出版部已开发的图书产品，使其适应中国市场；二是基于迪士尼的图像素材和故事逻辑进行全新的创作，即原创。该授权模式涵盖了多个系列，其中大电影双语阅读系列的市场表现最为出色，销量平均在 5 万册以上，最高已达 10 万册。借此成功合作的契机，华东理工大学出版社与互联网公司、教育学习平台达成合作，拓展迪士尼品牌图书的传播渠道，并深入线上渠道，为更多用户提供服务。

华东理工大学出版社与教育学习平台的合作主要是将迪士尼品牌书系的业务领域拓展到更多线上渠道。该合作不仅开拓了传播渠道，更是对知识服务领域的积极尝试。在百词斩旗下的薄荷阅读平台上，所有迪士尼相关内容均由华东理工大学出版社提供。根据薄荷阅读用户群体的需求，华东理工大学出版社进行内容的分层开发，提供知识付费产品，同时根据用户反馈出版相应的纸质书。华东理工大学出版社还推出了官方门户 App——花梨阅读，为读者提供有声书、电子书、微视频课程及纯声音产品，重点内容仍集中于外语语言的教育学习。

通过与迪士尼的成功合作，华东理工大学出版社不仅在传统图书市场上取得了显著成绩，还成功开辟了新的知识服务领域。借助迪士尼品牌 IP 的强大影响力，该社形成了以英语语言学习为特色的迪士尼品牌图书系列。通过与互联网公司和教育学习平台的战略合作，成功将业务领域拓展到线上渠道，深耕更多领域的用户群体。未来华东理工大学出版社将继续借助迪士尼等知名 IP，探索创新的出版模式，实现 IP 可持续发展。

三、专业出版 IP 运营

专业图书出版资源主要面向科研院所、高校、企事业单位从业人员，具备系统化、专业化的特征。专业出版作为知识资源服务模式的热门试点领域，已推出多款涵盖医学、农业、法律、交通等领域的知识服务产品，包括网站、App、微信公众号、微信小程序、微博等多样形式，以满足用户不同场景需求。[1]人工智能的应用与发展推动了 IP 资源技术发展，形成市场需求驱动的数字产品孵化机制。出版社通过 IP 技术平台提供的策划方案和内容，数字化处理和加工 IP 内容，实现以用户为中心的内容定制服务，开创文化消费市场的人机协同服务范式。专业出版的 IP 资源实践主要体现为知识服务产品。

专业图书出版在满足传统读者需求的同时，通过数字化转型，积极拓展知识服务领域，探索全新的 IP 资源技术平台，为内容的策划、数字化加工和市场推广提供支持。[2]这种以用户为中心的内容定制服务，使专业出版的 IP 资源转化成果更好地满足市场需求。

2014 年 4 月，国家新闻出版广电总局与财政部联合发布《关于推动新闻出版业数字化转型升级的指导意见》，要求新闻出版业必须面对数字化与信息化带来的挑战与机遇，主动开展数字化转型升级。[3]2015 年至 2018 年，国家三次遴选 110 家知识服务模式试点单位，为知识服务的推进提供重点扶持。这些试点单位涵盖了不同领域的专业数字内容资源，也促进了专业图书出版与知识服务的有机融合。

市场已形成具有行业标杆效应的垂直领域知识服务解决方案集群，典型代表包括"人卫临床助手""E 知元""悦读悦学""皮书数据库""智汇三农"（表 7-1）。同步推进跨学科知识集成平台建设，构建多领域知识图谱融合的全景式服务矩阵。

［1］ 陈兴会：《知识付费视域下我国专业图书出版知识服务的发展策略》，郑州大学硕士学位论文，2021 年。

［2］ 李盖虎、董娟娟：《基于 IP 运营的出版融合转型策略》，《中国出版》2021 年第 8 期。

［3］ 李凤亮、胡鹏林：《"互联网 +"时代的文化科技融合——2014 年文化科技创新总报告》，《福建论坛（人文社会科学版）》2015 年第 12 期。

表 7-1　出版社专业类知识服务产品及信息

出版社	产品名称	产品形式	服务对象
人民卫生出版社	人卫临床助手	网站、App、微信公众号	临床医学工作者
电子工业出版社	人卫用药助手	网站、App	临床医学工作者、临床医学相关人员
	人卫临床知识库		临床医学相关人员
	E 知元		电子技术类企业和高等院校用户
社会科学文献出版社	皮书数据库	网站	高校师生，覆盖政府机构、党校、行政学院系统政策研究人员的用户体系
	悦读悦学	网站	电子技术类企业和高等院校用户
人民法院出版社	法信平台	网站、App、微信小程序	法官群体、律师群体、其他法律工作者群体及社会公众群体
中国农业出版社	智汇三农	网站、App、微信小程序、微信公众号	各农业行业内的机构、农业科研专家、农业教育机构及其他农业从业人员
中国社会科学出版社	中国社会科学年鉴数据库	网站	高校、党校、社科院等哲学社会科学科研机构和专业科研人员
知识产权出版社	I 译＋	网站	企业、科研机构、知识产权咨询 / 代理机构、律师事务所、高校、政府管理部门等
中国海关出版社	DI Inspiro（知识产权大数据与智慧服务系统）	网站	企业、科研机构、知识产权咨询 / 代理机构、律师事务所、高校、政府管理部门等
	海关学库		海关爱好者
	旧海刊载中国近代史料数据库		近代史、海关史、近代经济史的研究学者和海关历史档案整理人员

（续表）

出版社	产品名称	产品形式	服务对象
法律出版社	有章阅读	网站	律师、法务；法官、检察官；法律学者；高校法学师生；社区公众
人民交通出版社	车学堂	网站、App、微信公众号	驾驶学习者、交通从业者
	中国航海知识服务平台	网站	政府及相关机构，企业，科研院所、协会、学会、公众个人用户
中国水利水电出版社	数字水利出版平台	网站	水利水电行业企事业单位、科研院所、高等院校、管理机构及其他相关机构和水利水电行业个人从业者

第二节　上海出版业 IP 资源运营的典型样本

在"践行新发展理念，推进出版业高质量发展"的时代背景下，出版业高速发展，运营模式由"相融"到"深融"，由内容提供向知识服务转型升级，构建丰富多元的"IP+出版"业态，通过对上海出版业 IP 资源运营这一典型样本进行挖掘和梳理，呈现若干企业走过的历程，以及取得的成就和经验，无疑具有重要意义。

一、上海世纪出版集团 IP 衍生实践

上海世纪出版集团以"世纪好书"这一金字招牌为核心驱动

力，不仅在国内图书市场树立了鲜明的品牌形象，更在 IP 内容的深度挖掘与跨界融合上迈出了坚实步伐。"世纪好书"通过展示文创衍生品、电影改编计划、游学体验项目等多元化增值业务，展现了集团对 IP 内容价值的全方位延伸与拓展。集团与上海图书馆强强联手，推出"上图发布 × 世纪好书"系列阅读推广活动，不仅丰富了市民的文化生活，也极大地提升了 IP 的社会影响力和文化辐射力。

面对数字化转型的浪潮，上海世纪出版集团敏锐捕捉到技术变革带来的机遇，积极推动传统出版与数字出版的深度融合。四维传媒与上海世纪出版集团达成数字藏品开发战略协同，以国民级文化 IP《故事会》创刊号封面为艺术母本，首期限量发行 10000 份具备收藏级艺术价值的虚拟数字资产。此次合作形成经典 IP 活化范式：由《故事会》开放经典内容版权库，四维传媒实施数字资产转化工程，通过数字营销激活用户社群，培育消费群体，最终形成跨介质消费转化路径的商业闭环。这种"虚拟收藏 + 实体特装"的 IP 开发模式，本质上是通过数字资产证券化重构历史内容价值，在完成 IP 数字孪生体系构建的同时，开创出版业态虚实共生的新经济模型。该平台依托集团权威工具书资源，为数字阅读领域的知识检索提供了高效、便捷的解决方案，不仅提升了用户体验，也进一步巩固了集团在数字出版领域的领先地位，增强了 IP 在数字时代的市场竞争力。

在多元化产品开发领域，集团更是不断创新，勇于尝试。以少年儿童出版社的经典 IP《上下五千年》为例，通过将其改编为视频剧并在横店影视城启动相关项目，集团成功地将这一传统文化瑰宝以更加生动、直观的形式呈现给广大观众，特别是青少年群体，实现了 IP 价值的最大化利用。

上海世纪出版集团深知阅读推广活动和文化活动对于提升 IP 知名度和影响力的重要作用。因此，集团精心策划了一系列丰富多彩的活动，如"世纪火种"阅读嘉年华等，旨在通过线上线下相结合的方式，激发公众的阅读兴趣，营造浓厚的文化氛围。同时，通过授予阅读推广基地单位牌匾等措施，进一步汇聚书香传播的力量，形成强大的文化矩阵效应。

上海世纪出版集团凭借其前瞻性的战略眼光、创新性的实践举措以及深厚的文化底蕴，在 IP 延伸方面取得了显著成效。未来，集团将继续秉承"传承文化、创新发展"的理念，不断探索新的发展模式和市场空间，为推动我国出版业的繁荣发展贡献更多力量。

二、阅文集团 IP 运营实践

阅文集团成立于 2015 年 3 月，同时拥有腾讯文学与盛大文学两大平台资源，成为引领行业的数字阅读平台和文学 IP 培育平台。2017 年 11 月，阅文集团在香港证券交易所正式上市。

阅文集团 IP 产业链的营收状况稳定。一方面，就 IP 版权运营收入状况而言，如图 7-1，IP 版权运营收入占比呈现逐年增长的趋势；另一方面，从收入占比状况来看，如图 7-2，IP 版权运营所占份额在逐步增加，与曾经的核心业务在线阅读之间的占比差在减小。[1]

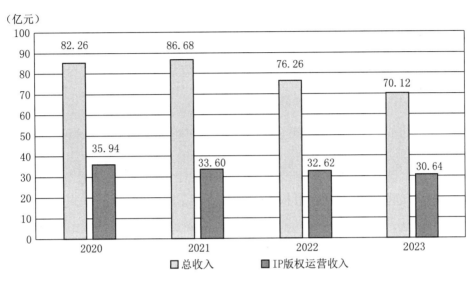

图 7-1　阅文集团 2020—2023 年 IP 版权运营收入

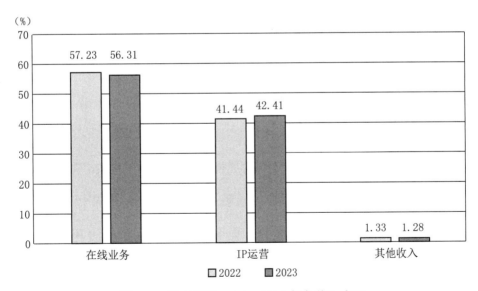

图 7-2　阅文集团 2022—2023 年各收入占比

---

[1]　数据来自阅文集团 2020—2023 年年报。

在动画领域，阅文集团推出经典 IP 改编动画的续作和新番，使得头部 IP 内容持续保持着高热度。《斗破苍穹》《星辰变》《全职法师》和《武动乾坤》等高人气动画续作表现亮眼，尤其是年番《斗破苍穹》连续 3 个月高居微博最热门国漫榜榜首。2023 年，有 6 部改编自阅文的 IP 进入全网动画播放榜前十。

在漫画领域，有 13 部 2023 年上线的阅文 IP 改编漫画作品人气破亿。阅文集团还收购了腾讯动漫资产，将《一人之下》《狐妖小红娘》等知名国漫 IP 纳入版权库，以丰富阅文头部 IP 储备，进一步夯实小说漫改合作产线并补充动画产能。

在游戏领域，阅文集团授权改编的作品《凡人修仙传》和《吞噬星空》成功上线，以及《斗破苍穹》《聊天群的日常生活》等 IP 游戏项目顺利推进，展现了阅文 IP 在游戏市场的布局和竞争力。集团的游戏自营能力也在不断提升，《新斗罗大陆》在持续迭代和优化。

在影视方面，阅文集团 2018 年收购新丽传媒后，凭借《庆余年》在 2019 年大放异彩，阅文集团也打通"IP+影视"路径，营收结构上集团已经完全摆脱了单腿走路的局面，版权营收占比甚至一度超过在线业务收入，成功找到了第二增长曲线。2024 年春节档，阅文子公司共同出品的电影《热辣滚烫》勇夺票房冠军，总票房超 34 亿元，开启了阅文"爆款之年"。

在持续夯实 IP 生态基础、提升 IP 全生命周期开发效率的基础上，阅文集团也在探索短剧等新兴内容形态，加快 AI 在 IP 生态中的全面应用及出海进程，驱动公司业务中长期多元化增长。

短剧方面，2023 年阅文集团发布了"短剧星河孵化计划"，百部 IP 培育计划、亿元创作基金扶持及探索互动短剧三轨并进。目前，阅文集团已经有数部短剧流水过千万，叠加收购腾讯动漫后的动漫产能扩充，阅文 IP 可视化进一步提速。AI 技术赋能方面，2023 年阅文发布了网文行业首个大模型"阅文妙笔"及作家助手妙笔版，后者目前已向阅文全部签约作家开放，AI 功能周使用率达 30%。此外，作为 AI 应用的一个重要应用场景，AI 机翻有望帮助阅文海外阅读平台 Web Novel 在一些核心地区逐步建立起具有战略价值的竞争优势。2023 年 12 月，Web Novel 畅销榜排名前 100 的作品中，有 21 部是由 AI 翻译的作品。

阅文集团凭借其一系列精心策划与高效执行的综合策略，成功地将网络文学 IP 转化为极具市场吸引力与商业价值的文化瑰宝。集团通过深度融合腾讯文学与盛大文学的丰富资源，构建起了一座涵盖广泛、质量可观的内容宝库。在此基础上，阅文深化了"头部精品引领＋垂直领域深耕"的 IP 布局，不断推动细分领域的内容创新与作品升级，其签约作家群体已壮大至 810 万人之众，累计创作出 1390 万部原创文学作品，这一庞大的内容储备为后续的 IP 多元化开发奠定了坚实的基础。

在 IP 的孵化与运营上，阅文集团不仅高度重视 IP 的原创与积累，更致力于实现全版权的深度开发与广泛运营，覆盖了文学、影视、动漫、游戏等多个热门领域。通过并购新丽传媒这一关键举措，阅文成功打通了 IP 产能的上下游链条，实现了从单一授权模式向系统化、规模化开发的重大转变。

为了进一步提升 IP 的商业价值与影响力，阅文集团积极构建了一个覆盖全产业的 IP 开发生态系统，与腾讯影业、新丽传媒等企业强强联手，共同探索并实践了高质量的多元化网络文学 IP 运营模式。这种合作模式不仅促进了 IP 在不同领域之间的深度融合与创新应用，更极大地提升了 IP 的商业价值与市场竞争力。

此外，阅文集团积极响应市场需求，致力于将 IP 融入大众生活的每一个角落。集团通过布局 IP 衍生授权业务，与腾讯视频等主流平台建立了紧密的合作关系，成功扩大了 IP 的市场覆盖范围与影响力。同时，阅文集团还精心策划并推出了一系列 IP 衍生产品，如动漫、游戏等，这些产品不仅丰富了 IP 的表现形式，更增强了用户对 IP 的认同感与忠诚度，为 IP 的长期发展注入了新的活力与动力。

阅文集团提出了具有前瞻性的"IP 升维"战略理念，通过构建三层架构的内容产业链——即 IP 产品可视化、IP 商业化以及 IP 跨代际流传——来不断提升 IP 的视觉效果、市场吸引力与价值。这一战略不仅极大地提升了阅文集团在网络文学市场的领先地位与品牌影响力，更为其未来的 IP 可持续发展找准了方向。

三、米哈游 IP 联动实践

米哈游的 IP 联动活动主要集中在旗下几大知名游戏产品之间。以下是根据公开资料整理的 2022—2023 年米哈游旗下四款游戏的联动情况（如表 7-2），其中，由于《崩坏：星穹铁道》2023 年 4 月公测，故补充记录其 2024 年联动情况。

表 7-2 米哈游旗下 4 款游戏 2022—2023 年国内联名情况表 [1]

游戏名	联动领域	联动商家	时　间
原神	景点	长白山	2022.01.13
	软件	高德地图	2022.01.18
	服饰	梅花	2022.01.28
	数码	红米	2022.03.17
	建材	立邦	2022.04.22
	餐饮	随变	2022.04.25
	潮玩	Funko	2022.05.20
	数码	一加	2022.08.09
	餐饮	必胜客	2022.08.29
	餐饮	喜茶	2022.09.06
	电商	得物	2022.09.14
	金融	招商银行	2022.09.16
	汽车	凯迪拉克	2022.09.16
	影视	飞碟社	2022.09.16
	金融	支付宝	2022.09.22
	餐饮	罗森	2022.09.26
	景点	携程、三亚市旅游推广局	2022.12.28
	美妆	科颜氏	2023.05.13
	运动	Keep	2023.06.24
	文具	晨光	2023.07.03
	景点	张家界	2023.09.23
	景点	三星堆博物馆	2023.12.18
	数码	小米	2023.12.08

[1] 表内信息整理来源于各游戏官方微博。

（续表）

游戏名	联动领域	联动商家	时 间
未定事件簿	餐饮	格力高	2022.08.04
	餐饮	Lavazza	2023.03.24
	金融	中信银行	2023.04.11
	餐饮	茶百道	2023.06.22
	景点	浙江省博物馆	2023.08.17
	美妆	橘朵	2023.08.22
	文创	西泠文创	2023.11.04
崩坏：星穹铁道	金融	支付宝	2023.04.26
	景点	西递宏村	2023.05.13
	餐饮	KFC	2023.09.19
	餐饮	炫迈	2023.10.20
	运动	Keep	2023.10.26
	珠宝	老凤祥	2024.02.02
	美妆	COLORS	2024.03.27
	餐饮	茶百道	2024.04.10
崩坏3	餐饮	TacoBell 塔可钟	2023.07.08
	影视	普罗米亚	2023.08.21
	金融	支付宝	2023.09.22
	餐饮	Coco	2023.09.23

从表格数据来看，米哈游旗下游戏 IP 联动无论是在联动频率、联动对象以及"破圈"效果上都反响较好。以联动频率最高的《原神》为例，其自开服以来在餐饮领域和景区领域联动次数高达十余次，在两周年节点前两个月更是多达 20 次联动，和传统的游戏间联动或虚拟 IP 间联动不同，原神更倾向于选择生活化的实物实景联动，

如汽车联动、高德地图语音包等，其在与三亚文旅局、携程的三方联动中布置的吉祥航空装饰更是开创了联名新形式。

消费是一种生产功能，是及时且全面的集体功能。[1]《原神》作为一款游戏，其品牌差异化策略深刻影响了它与不同行业品牌间的联动模式。在与旅游景点联动时，它倾向于采用线下体验活动（如打卡点设置）以增强用户沉浸感。而与餐饮品牌合作时，它通过组织线下活动，巧妙地将游戏 IP 融入消费者的日常饮食体验中，从而扩大品牌影响力。针对电子产品品牌的联动，则普遍采取推出联名产品的方式，拓展品牌合作的维度。

尽管游戏产品的生命周期有限，但跨品牌联动作为一种策略，能够有效为成熟游戏作品注入新鲜血液，促进其在新市场环境中的复兴与再生，展现了联动策略的独特魅力。从更深层次看，联动不仅扩展了经典游戏 IP 的受众基础，还为其创造了新的商业增值空间。米哈游作为这一系列联动的核心推动者，其策略促进了品牌间的良性互动与循环。随着电子竞技与游戏产业的持续演进，未来品牌联动的多样化趋势愈加明显，将有更多创新联动形式及作品涌现。这一趋势不仅顺应了互联网发展的潮流，更是游戏 IP 与多领域品牌、虚拟与现实世界深度融合的必然结果。

在以流量为竞争力的背景下，如何实现"跨界突破"成为众多游戏厂商的共同追求。米哈游通过实施年轻化策略，精准把握市场脉搏，展现了其应对市场变化的敏锐洞察力。玩家群体对游戏价值的认

---

[1]　韩升、毕腾亚：《基于文明交流互鉴的人类共同价值观阐释》，《贵州社会科学》2020年第 6 期。

知亦在转变，从单纯追求游戏内体验向注重游戏带来的精神满足与社交价值延伸。联动活动不仅加深了玩家与游戏品牌之间的情感联系，促进了游戏社区的建设，还显著提升了品牌知名度与商业价值，实现了双赢局面。可以预见，在 IP 运营中，联名活动将扮演愈发关键的角色，成为推动 IP 行业发展的重要力量。

第三节　上海出版业 IP 运营面临的挑战

一、文化、资本、竞争对 IP 的压制

在 IP 出版模式中，知识产权的显著性引起了社会各方对知识产权的关注。当前热门 IP 大多属于流行文化产品，与消费文化趣味相契合。例如，《庆余年 2》等架空历史作品以虚构历史迎合文化心理。仙侠类热门漫画 IP 改编作品《狐妖小红娘·月红篇》呈现虚构情爱悬疑故事，科幻作品改编的《三体》则追求屏蔽现实的奇幻体验。IP出版趋于顺应都市文化潮流，然而无论媒介如何演变，出版业的人文特质仍是其核心。对于精英、经典和情感的坚守仍是出版业至关重要的核心价值，对于流行文化趣味的屈从势必导致出版业人文特质丧失的矛盾。

资本对 IP 的过度开发利用会损害 IP 的价值。文化产业的壮大离不开资本运作，商业数据成为评估 IP 优质性的重要标准。然而，资本对 IP 的过度开发有可能导致竭泽而渔的困境。过去的 IP 以纯粹的知识产权形式存在，是创作型的 IP。但在当前的出版环境中，IP 更

多被视为产品型的 IP，大量 IP 运营机构往往将 IP 的开发转化视为资本的消耗行为。在以追逐利润为目标的商业公司模式下，对 IP 的过度开发难以避免，这无疑会对 IP 自身形象带来不良影响。

另外，同质化 IP 竞争会压抑文化创新。网络文学作为 IP 孵化的温床，虽然快速推动了 IP 出版的发展，却也为 IP 出版带来了一系列隐患。在同质的环境和市场策略下，IP 同质化问题日益严峻，同质化竞争加剧。受限于环境的创作群体使得 IP 的内容缺乏个性和原创性。在商业利益的驱动下，仅迎合同质化营销的 IP 开发可能会带来短期的繁荣，但最终会趋于沉寂。同质作品数量的增加使得消费者在选择时缺乏多样性和新鲜感。同质作品更容易被市场遗忘，长期发展受限。同质化竞争还会导致市场的价格战和盲目投资，造成资源浪费和行业压力。因此，创意是文化产业持续发展不可或缺的推动力。如果出版业只满足于短暂的商业利益，缺乏对创意的追求，那么 IP 最终将只停留在表面，难以在深度和内涵上实现长期稳健的发展。

二、文学 IP 创造性和用户思维的缺失

由于数字化程度提高和内容创作工具的丰富，数字内容制作与 IP 运营逐渐成为出版业增长的关键。将图书 IP 多元化转化为长短视频、游戏、衍生品等形式，以多场景变现的方式开拓了出版业的增长空间。这一趋势也符合文化数字化战略中"中华文化全景呈现，中华文化数字化成果全民共享"的目标。全版权运营模式涵盖内容资源库的构建、分发渠道平台的建设以及版权延伸的多元化营销，推崇全版权的商业发展模式。上游的内容资源库通过版权合作方式流向下游，

实现纸质书出版、影视剧改编、周边衍生产品开发等多种方式的版权运营。[1]

然而，网络文学的 IP 化生产在表面上促进了文学题材的多元化，但实际上却抑制了文学的创造性。IP 化的基本结构使得不同题材在网文领域内呈现出多元类型，但这并未走出"分类"的框架，导致同质性繁荣。在 IP 文本内部，各种标签的创造和新的小说元素的不断涌现并没有突破"分类"框架，使得文本内部的创造性仅限于大类标签下的同质繁荣。同时，由于某些题材更容易在影视改编中操作，导致作者跟风创作，使得内容同质化问题更为严重。此外，网络文学 IP 化更偏向于迎合年轻人口味，忽视对现实生活、政治方向和历史真实等方面的反映，缺乏对中国特色社会主义文化内涵和价值导向的作品，导致内容同质和创新匮乏。

再者，创作过度迎合 IP 改编。在网络文学产业链中，创作者在创作过程中迎合 IP 改编的操作较为明显。作者会在创作元素上选择有利于后期 IP 改编的内容，以实现文化再生产，拓宽变现渠道。这种创作目的导致一些作品的内核不够坚挺，缺乏新意，只是在市场包装和商业炒作下短暂获得一定市场份额。此外，IP 开发过程中，过度注重经济效益，采用"大流量 IP+ 大明星阵容"的运作模式，追求短期内的商业利益，这与一些具有优秀精神内容的 IP 拥有更长价值生命周期的本质相悖。长期价值和精神文化内涵的追求被短期经济利益所取代，使得部分 IP 只能满足金字塔底层需求，难以实现持久热度。

---

[1] 李薇：《我国网络文学 IP 运营及转化模式探析》，《出版广角》2017 年第 18 期。

此外，缺乏用户思维的 IP 开发。IP 市场出现囤积问题，部分 IP 被抢购却由于政策等原因失去实体化或动漫化机会，沦为囤积品。对于这些囤积品，尽管失去实体化机会，但通过互联网企业的营销事件仍然能够产生强烈情感共鸣，获取相当流量。这种情感共鸣通过特定社群的传播，促使囤积 IP 成为市场焦点。加上当前 IP 市场缺乏足够的用户思维，对于原著粉丝的偏好和文学精神的重视不足，因此在 IP 运营中重视并谨慎经营粉丝群，以实现原著作品的商业价值最大化成为新的挑战。

三、游戏 IP 同质化与国际化的短板

高质量游戏内容是推动移动游戏 IP 市场发展的核心因素，移动 IP 用户的消费能力普遍高于非 IP 用户。当前，中国移动游戏 IP 价值网络呈现五维主体架构，包含版权源生机构、价值转化运营商、衍生内容开发体、实体产品智造商及全渠道分销节点。当前产业仍以改编价值变现为核心商业价值中枢，但原生 IP 创生机制尚未形成系统化解决方案，暴露产业上游创新要素供给的结构性短板。

2022 年我国 IP 改编移动游戏市场实际销售收入达 1035.6 亿元，占比近七成。[1] 然而，新游表现不佳成为市场增长乏力的症结之一，IP 改编新游流水占比已连续五年下降。这表明市场对于创新内容的需求逐渐增长，对于传统 IP 改编的依赖存在断层风险。2022 年我国原创移动游戏 IP 市场收入为 422.1 亿元。监测数据显示，2020—

---

[1] 伽马数据：《2022—2023 移动游戏 IP 市场发展报告》，2023 年。

2021 年产业周期原生 IP 创生密度显著提升，但受数字内容生命曲线演进规律制约，存量产品经济收益呈现自然衰减态势。当前市场结构呈现长尾效应显著、头部爆款内容缺位的特征，导致产业生态难以形成持续增长极，制约 IP 价值跃升动能。

衍生品市场方面，2022 年我国移动游戏 IP 衍生品市场规模达 35 亿元，连续三年实现增长。头部游戏厂商对 IP 价值生态建构的战略性投入，驱动衍生开发要素投入持续加码，但现阶段存在衍生品变现滞后的情况。2020 年的原创移动游戏 IP 游戏收入增长影响在 2021 年 IP 衍生品市场中才得以体现，揭示产业价值链存在跨期价值传导效应的系统特征。

米哈游深耕内容赛道，以高质量产品打造原创 IP。经过多年发展，米哈游成功培养了"崩坏""原神"等高质量原创 IP。从"崩坏"到"原神"，米哈游成功建立了品牌效应，使用户更容易接受新的玩法变动。米哈游的成功经验表明，在 IP 与企业品牌协同发展的过程中，提供优质玩法是构建产品 IP 化基础的关键。代表性案例的背后，游戏 IP 市场的现状也暴露出系列问题：

首先是游戏 IP 的同质性问题。游戏产业在跨媒介叙事上存在高度的产品重合性。由于某些成功经验被不同游戏厂商反复采用，很多产品缺乏对自身特色的思考和融入。这使得市场上的游戏产品趋同，甚至可能出现与自身定位相悖的产品。这种同质性不仅降低了创新性，也对游戏 IP 的跨媒介叙事产生了负面效应。

其次是游戏 IP 专业人才储备不足。游戏产业对专业性 IP 人才的需求急剧增加，但专业人才储备不足。随着自研游戏 IP 未来发展方向的多元化，对能进行长期规划并推动项目落地的人才需求更加迫切。这些人才需要不仅了解游戏产业，还需具备洞察整个文化产业链的能力。人才培养亟待强化，是推动自研游戏 IP 发展的核心动力。

再次是主要聚焦国内市场，对海外市场 IP 储备不足。游戏产业在海外市场的 IP 储备相对短缺，除了东南亚、韩国、日本等地区外，其他海外市场对中国文化内核的游戏产品接受度有限。中国文化产业需要更好地融入全球文化体系，使更多人了解中国文化。游戏企业需要采用精准传播方式，提升中国故事和声音的国际表达，以增强国际传播的亲和力和实效性。

接着是长线运营能力不足。游戏 IP 需要向更多文娱领域拓展，但长线运营能力捉襟见肘。行业亟须建立向各领域不断拓展的文化圈层，加强 IP 在多个文化领域的价值引领和创新表达，以推动更多文创产业的发展。长期运营的成功关键在于提升 IP 的价值引领、创新驱动和文化内涵。

最后是版权保护力度不足。在原创游戏 IP 发展中，版权保护问题愈加突出。侵权成本低，企业维权难度大，这导致侵权行为频发，损害了企业的利益。为了保护自研游戏 IP 的发展，行业需要加强版权法规的制定和执行，提高维权的效率。

四、IP 运营机制与盈利模式的掣肘

一是缺乏孵化地方文化特色资源 IP 的意识。目前 IP 孵化主要是对单一的 IP 的深度开发与系统化培育，实现核心文化要素的效能最大化，并且利用一些受众群体比较喜欢的形式，在目标受众群体中实施精准化内容渗透策略，在传播过程中获取相应的经济利润从而完

成变现。这种模式遍及影视、动漫、游戏等垂直赛道的 IP 全产业链，形成产业生态系统的有机延展。其成功实施需满足三重核心要件：适时结合市场需求，庞大的资金基础以及前瞻性的市场趋势预判能力，这对于普通的出版机构而言有着较大的难度。

"2015 年度全国十大考古新发现"南昌西汉海昏侯墓是目前我国发现的面积最大、保存最好的汉代列侯等级墓葬。围绕墓主海昏侯刘贺和有关考古发现，中文天地出版传媒股份有限公司推出了 13 种图书、1 部网络大电影、百余种文创产品。[1]此外，江西等地的出版社陆续推出了人物传记、儿童读物、科普读物、长篇小说等涉及不同题材的几十种相关图书。这些出版活动已实现从考古学术价值转化体系向文化叙事工程的转变，通过构建"形象解构—故事拓扑—符号再生"三维开发模型，实施跨媒介叙事架构的深度价值开发，最终形成不同领域不同主题的出版物 IP。

二是缺乏跨媒介转化。IP 意识存在于具体的出版转化过程中，如何拆解"海昏侯墓"这种文博研究和发现以及其他的中华传统文化精华使其转化为 IP 形象或 IP 故事，多数时候可能取决于编创人员的奇思妙想。出版社能挖掘和孵化出怎样的 IP、呈现出怎样的出版物形态，取决于编创人员的创意。因此，行业需要着力提高编创人员的创意策划能力，相关人员需要通晓历史的同时掌握大众需求，平衡好传统文化与市场趋势。IP 转化和运营将会决定 IP 出版的数量和质量。

跨媒介叙事是 IP 出版的重要逻辑，粉丝经济是 IP 经济的特征体现。跨媒介叙事理论指导下的知识产权开发，本质上是文化符号的

---

[1] 谢征、贺子璇：《文博 IP 出版的实践与问题》，《出版参考》2021 年第 10 期。

多模态迁移过程，强调形象在不同媒介中的转换，IP 出版同样需要在不同形式媒介产品中形成影响力。IP 故事如果能改编为话剧剧本，它就能够成为电影电视原著；以故事作为世界背景开发的手游、网游，也可以进一步延伸 IP 产业链。网络文学、影视 IP 的出版则更强调把粉丝注意力从多媒介载体转移回出版物上，这些粉丝很大程度上具有重叠性。

三是搭建 IP 产业链有待完善。有研究认为，出版机构 IP 运营内部产业链主要是将内部现有的成熟 IP 资源或是正在孵化的 IP 资源有效整合，以此达到 IP 全产业链运营的目的。[1] 外部产业链则更倾向从用户以及平台入手延伸产业链。例如，在有效构建内部的文化娱乐全产业链生态体系之后，磨铁图书选择打造一种跨产品以及跨领域的全产业链在细分的产业领域深耕。除此之外，为了做好产业融合，磨铁建构了多领域以及多板块为同一个项目、同一个 IP 服务的体系。如今，磨铁图书在全产业链的搭建上都拥有一定的话语权且掣肘较少。

江西出版集团上市公司中文传媒，2014 年以 2.6 亿元收购了网络游戏公司智明星通，游戏业务不仅贡献了可观的新营收，而且成为数字出版 IP 运营的良好载体。[2] 更为重要的是，传统出版迫切需要涉足的五大领域：故事写作、动画制作、虚拟现实、人工智能、青年营销，该游戏业务都包含。传统出版与网络游戏的新旧组合带来了 IP 业务理念与能力的飞速提升。2023 年 5 月，中文传媒宣布建设

———————

[1] 王晓娣：《浅析传统出版机构多元化 IP 运营的创新对策》，《现代营销（经营版）》2021 年第 10 期。

[2] 于正凯：《地方出版社数字出版的 IP 路径》，《新闻传播》2023 年第 15 期。

"二十一世纪少儿动漫影视产业孵化平台"，其中《大中华寻宝记》等融合出版项目构建了集阅读推广、视频播放于一体的 IP 生态，此外，为了更好布局 IP 领域，中文传媒还加强了与 BAT、喜马拉雅等平台的合作。

四是出版社之间缺乏分工与合作。不同的出版社拥有各自积累的经验和专业领域，比如古籍类出版社专心于古籍传统的传承出版，文艺类出版社负责文学艺术作品的出版，少儿类出版社专注于童书和绘本的出版发行，教育类出版社致力于教材教辅等书籍出版等。不同领域的出版社需要充分发挥各自的优势合作共进，不断推进传统文化融入现代表达。

各出版社要在明确自身的定位和立场的同时彼此借鉴 IP 开发方面的经验。此外，出版机构还应重视适应数字出版产业的变化和新趋势，通过建立数据库、网络平台等措施实现各类优质 IP 资源的共享。只有合作与共享，出版机构才能更好地利用互联网技术的优势，打破各自壁垒，实现资源的整合和共同发展。这样不仅能够提升整个出版行业的创作水平和市场竞争力，也能够为读者提供更多元化、优质的作品选择，推动文化产业的繁荣发展。

五是出版 IP 运营水平仍需进一步提升。数字化是 IP 运营的基础。中原出版自 2008 年启动编纂出版《中原文化大典》，包括《学术思想典》《文学艺术典》等八典，全套 55 册，近 3000 万字，文献经典、图片丰富，作为国家重点出版工程，意义重大。全书售价 5 万，受众面狭窄。[1] 但该集团运用 IP 开发思维，提炼著作精髓打造数字

---

[1] 于正凯：《地方出版社数字出版的 IP 路径》，《新闻传播》2023 年第 15 期。

藏品（NFT），既革新了文化传承方式，又开辟了多元盈利渠道。目前各出版机构在数字化领域均有布局，但数字化仍以渠道和营销为主，比如利用自建和第三方电商平台发行、自媒体账号推介优质图书等。虽然提升了传播范围和运营效率，但传统出版发行业务实质没有改变，出版 IP 的潜在价值利用尚不充分，未形成规模化和体系化 IP 运营模式。

　　六是传统出版行业竞争力弱，人才储备有待提高。行业研发投入和人才储备要提高，加深内部创新和对外合作是重点。传统出版业务和产业链成熟，研发和创新并非重要因素，出版业人员构成中以销售、编辑、行政人员为主，研发人员占比大多较低，且研发投入集中于教育信息化等非出版业务。相较于文化行业的商业公司，传统出版行业在高素质人才中的竞争实力较弱，对于专业人才的吸引力不足。在出版业转型升级过程中，行业仍需补充和培养内容数字化开发和 IP 运营的专业人才，通过加深对外合作进一步提高数字化能力。

第八章
上海出版业 IP 资源运营的策略优化

互联网的开放、共享与融合加速了内容产业链各环节的符号化、品牌化和 IP 化，上海出版业 IP 资源运营探索并形成了自己的版权销售模式、书影联动模式、全产业链延伸模式等特色。应对新的诸多挑战，仍需优化 IP 资源策略，努力找到适合上海出版业 IP 运营的高质量发展之路。

第一节　提升 IP 品质

一、盘活存量优质 IP 资源

优质的 IP 内容构成了出版机构重要的无形资产。在全面考量市场需求的前提下，出版机构需对现有 IP 资源的潜在价值进行深入挖掘与系统评估。2018 年，改编自小说《大江东去》的电视剧《大江大河》播出后，创下当时 IP 剧的评分新高。该剧的成功引发了业内对于 IP 开发路径的重新关注，使得业界逐渐意识到，相较于以往集中于网络文学改编的趋势，那些具备宏大叙事背景与深层主题内涵的 IP，同样具备显著的市场潜力与经济回报。[1]在长期发展过程中，我国出版机构已积累了大量图书内容资源，其中不乏如《大江东去》般具备深厚主题背景的潜在 IP。若能从中科学识别并筛选出适合进行多元化开发的优质内容，结合具备扎实写作能力与较高文化素养的作者与编辑力量，系统开展改编创作与文案推广等相关工作，并充分调动已有传播渠道与平台资源，将有望实现优质 IP 内容的高效转化与再生产。

　　2015 年 8 月，中信出版社在举办《创业时代》新书发布会的同时，与华策影视同步完成其影视改编版权的签约仪式，标志着该作品在出版阶段即已启动 IP 资源的多元化开发。[2]作为典型案例，《创业时代》的 IP 延伸涵盖了电影、系列电视剧及网络剧等多种文娱形态，充分展现了出版内容向多领域融合发展的实践路径。[3]上海文艺出版社在 2013 年 1 月推出第一版《繁花》，之后《繁花》陆续出了多个版本，《繁花》小说原著畅销 10 年，累计销售百万册，小说被改编成舞台剧，在不同城市上演，增加了 IP 的曝光度和影响力。由知名导演王家卫改编成电视剧，在 2024 年引起全民追剧热潮，进一步扩大

［1］　王晓娣：《浅析传统出版机构多元化 IP 运营的创新对策》，《现代营销（经营版）》2021 年第 10 期。

［2］　韩青宁：《当代精品力作 IP 资源转化的注意事项和路径选择》，《中国编辑》2018 年第 1 期。

［3］　黄平平：《IP 出版经营现状及创新策略分析》，《出版广角》2016 年第 11 期。

其 IP 的影响力。通过《繁花》的故事与上海城市文化的结合，观众不仅喜欢这个故事，也对上海这座城市产生了兴趣和好感，提升了城市的知名度和美誉度。IP 的成功吸引了大量游客前来体验与《繁花》相关的文化旅游，促进了旅游经济和消费市场。《繁花》成为严肃文学 IP 成功运营的典范。

二、原创 IP 内容孵化

出版机构除了盘活现有优质 IP 资源外，还需要制定相应策略鼓励原创 IP 内容的孵化，避免 IP 的同质化竞争，不断推进内容生产的"开源"。对于出版企业而言，IP 运营已成为增强产品传播效能、拓展社会影响力并提升经济回报的重要路径之一，新的 IP 内容在创作之初便应充分考虑其跨媒体衍生的要求。[1] 在 IP 经济如火如荼的发展势头下，在 IP 产业快速发展的背景下，不同类型的企业纷纷布局：科技公司专注于平台生态的构建，影视公司则依托资本优势推动内容孵化与市场扩展。相比之下，出版企业的核心竞争力体现在其对优质选题的敏锐识别能力及对原创内容的严谨把控。面对 IP 化浪潮的持续推进，出版机构应坚守内容创制的核心阵地，聚焦原创资源的发掘与培育，从源头上把握 IP 价值链的起点。

相较于传统意义上的被动读者，IP 内容的受众展现出更强的互动性与参与意识。他们积极融入网络传播体系，通过点击、评论、转

---

[1]　刘峰：《出版机构 IP 化经营：媒体融合背景下的创新策略探析》，《出版发行研究》2015 年第 9 期。

发等行为，不仅推动内容的广泛扩散，也在一定程度上影响着文本情节的发展方向及人物关系的建构。在"互联网+"背景下，依托去中心化与用户共创机制，IP 品牌得以通过"众创"模式实现多元化的孵化与培育路径。[1]因此，打造原创 IP 内容可以尝试以下途径：首先，"U+P 混合内容生产"模式已成为当前 IP 开发的重要路径。其中，UGC（User-generated Content，用户生成内容）侧重于内容覆盖的广度，其核心价值在于体现用户参与与思想表达；而 PGC（Professionally-generated Content，专业生产内容）则注重内容的深度与专业性，凭借与资本市场的高度契合，实现内容价值的资本转化。目前，市场中热度较高的网络剧多源自具有 UGC 背景的 IP，通过互联网企业整合专业化的制作团队，对内容进行深度加工与商业化包装，最终实现推向市场的全链条运作。其次，通过反向定制打造优质 IP 内容，如利用大数据技术反馈创作，通过对相关内容进行用户和市场分析，掌握不同读者的习惯及阅读偏好，分析不同 IP 的读者和市场数据，为作者提供最精准的数据参考。[2]以益智类游戏《植物大战僵尸》在全国范围内热度攀升为例，中国少年儿童新闻出版总社创新性地突破传统出版模式，面向广大游戏爱好者公开征集原创故事与绘画作品，积极引导用户参与内容共创。在此基础上，出版方结合大数据技术，深入分析游戏玩家的年龄结构、兴趣偏好、剧情关注点及素材偏好等信息，从而推动《植物大战僵尸》系列图书的精准化开发。该系列读物自推出半年内销量即突破 500 万册，获得了广泛的

---

[1] 陈维超：《数字出版产业 IP 化运营的核心逻辑和创新策略》，《出版发行研究》2017 年第 4 期。

[2] 闫伊默、梁晓晓：《出版深度融合发展"IP 化"路径》，《编辑学刊》2023 年第 3 期。

市场认可与读者好评。[1][2]

三、拓宽优质 IP 来源渠道

　　若出版企业希望在 IP 产业价值链中占据有利位置，关键在于从源头版权入手，加强与优质作者资源的连接与合作，拓展高潜力 IP 的获取渠道。唯有如此，方能在激烈的市场竞争中抢占先发优势，提升内容资产的战略价值。以网络文学为例，当前多数具有开发潜力的优质 IP 往往出自业内具有高度影响力的知名作家之手。例如，天下霸唱创作的盗墓题材小说《鬼吹灯》改编为电影《寻龙诀》，票房高达 16 亿元；辛夷坞的《致我们终将逝去的青春》改编为影片《致青春》，票房突破 7 亿元；fresh 果果所著的《花千骨》改编为电视剧后反响热烈，相关游戏改编产品在上线首月便实现近 2 亿元流水。[3] 这些案例充分体现了网络文学头部作者在内容生产中的稳定输出能力与商业价值。此类创作者通常拥有成熟的写作风格、持续的创作能力及庞大的读者基础，其作品一经发布便具备高度市场关注度，是 IP 价值链中最具增值潜力的内容来源。2006 年，面对网络小说《鬼吹灯》在网络文学领域迅速走红的趋势，安徽文艺出版社及时响应市场动向，迅速与作者天下霸唱达成合作，取得其实体出版的版权。同年 9 月，《鬼吹灯》第一本实体书《精绝古城》出版，同年 12 月，《鬼

[1]　石蕊：《泛 IP 时代出版企业资源重组与产业链重构研究》，《现代出版》2016 年第 2 期。

[2]　刘彬：《为 2012 年中国少儿出版喝彩》，《光明日报》2013 年 1 月 8 日。

[3]　张旭：《出版企业利用网络文学 IP 实现增值的策略研究》，河北经贸大学硕士学位论文，2016 年。

吹灯》第一部荣登全国各大畅销书排行榜，直到 2008 年该作完结，《鬼吹灯》全套八本书同时位列全国各大文艺类图书排行榜前五十名，创下前所未有的销售奇迹。获得授权是出版企业实现 IP 增值的初步环节，更为关键的是在确保作者利益的基础上，最大化地提升出版企业自身的经济回报。出版企业应根据自身的实际情况和市场需求，灵活选择适当的合作模式和版权采购方式，以实现资源的有效配置与经济效益的最优化。

四、引入经典内容

在 IP 转化过程中，出版人应坚守主流价值观与人文情怀，积极传承经典文化，并传播正确的价值观。这不仅是其不可推卸的责任，也是推动文化发展的核心使命。IP 资源的转化不仅要响应消费者需求，还应主动引导其文化选择，塑造大众的审美品位与文化追求，从而促进社会文化素养的提升。文学经典经过历史的考验历久弥新，所富含的文学性、作品中展现的思考深度以及题材涉猎的广度都是其他"快餐文学"难以企及的，引入经典文学作品进行 IP 转化，能够提升 IP 品质。市场上现有的一部分 IP 作品，由于其内容质量和所传递的价值观未能获得广泛受众的认可，甚至遭遇批评，因此，积极将经典文学纳入 IP 开发的范畴，成为优化 IP 内容的可行策略。以央视原创节目《中国诗词大会》为例，该节目秉承人文精神和中华文化价值，成为典型的文化 IP。基于公众对传统文化的需求，其衍生的 IP 图书《中国诗词大会（上下册）》一经发布，便引起了广泛关注，成功实现出版物在文化价值和商业价值上的双赢。由此可见，IP 图书的可持续发展要求摒弃"快餐式"文化生产与消费模式，必须坚持文化阵地，致力于打造具有独立知识产权和鲜明中国文化特色的 IP 图书。

经典文化不仅是我国悠久历史的珍贵遗产，也是中华民族一代代不断汲取的精神食粮，承载着深厚的文明传承。与其一味迎合受众，不如回归经典文学，在浩瀚的文学作品中寻找适合开发的 IP。对于出版机构而言，如何在新时代以及媒介语境下有效地对优秀传统文化主题作出阐释，将会逐渐成为实现多元化 IP 运营的一个关键思路。

第二节　优化经营管理

一、建立专门 IP 管理机构

知识产权是出版企业的重要资产，IP 资源的管理和运营关系到企业的生存和发展。建立专门的 IP 管理机构，负责 IP 的开发、管理和运营，以提高 IP 资源的利用效率，已经成为出版企业发展的重要策略。

专业的 IP 管理机构需要具备敏锐的市场洞察力，能够迅速识别并获取优质 IP 资源。通过买断、引进、合作等多种方式，占据市场上具有广泛号召力的优质 IP，并争取排他性支持，确保获取包括网络信息传播权、影视改编权等在内的各类权利。在发展战略方面，IP 应作为核心纽带，推动文化创意产业的价值链整合。以 IP 授权为核心，依托网络平台，拓展跨领域、跨平台的商业模式。尤其值得注意的是，机构需通过机制创新，促进传统编辑向 IP 编辑的转型，并培养专业的 IP 产品经理。目前，许多出版机构已开始试行股权激励政策，通过项目制、股份制等形式，推动出版、影视、游戏等领域的 IP 项目试点，体现了 IP 特色并预示着未来的发展方向。例如，北京磨铁图书有限公司设立了专门的 IP 版权部门，负责 IP 资源的管理、运营和品牌化运作。该部门的负责人定期参与编辑部门的选题会，了解与作者的签约情况，并在选题阶段就版权购买或销售的意向提供意见。[1] 这种专门化的运作模式使磨铁图书能够有效掌握资源的多元开发机会与权力。

　　建立专门的 IP 管理机构是一个系统性的工程，需要出版企业从以下几方面考虑和实施：一是明确 IP 管理机构的职责和定位。IP 管理机构的职责应包括 IP 的开发、管理和运营等各个环节，企业需要明确 IP 管理机构在整个企业中的定位，以确保其在企业中的主导地位。二是建立专业的 IP 管理团队。企业需要从内部或者外部招聘具有专业知识和经验的人才，组建专业的 IP 管理团队。该团队应该包括法律、技术、市场等各方面的专业人才，以确保 IP 管理的全面性和专业性。三是制定详细的 IP 管理策略。企业需要根据自身的业务特性和市场环境，制定详细的 IP 管理策略。策略应覆盖 IP 的获取、保护、运营等各个环节，以确保 IP 的全面管理。四是建立完善的 IP 管理制度。企业需要建立一套完善的 IP 管理制度，包括 IP 的申请、保护、使用、转让等各环节的规定，以确保 IP 的合规管理。

---

[1] 李明远：《磨铁图书将〈悟空传〉推向大银幕》，《中国新闻出版广电报》2016 年 6 月 30 日。

二、组建专业 IP 孵化企业

培养一支精通 IP 产业链的综合性运营团队，对于提升 IP 价值转化的成功率至关重要。该团队应根据 IP 内容与题材特点，量身定制运营策略，并结合对市场数据的深入分析。出版企业需要组建一支具备影视与出版领域双重专业背景、并能有效利用大数据分析的复合型人才队伍。仅通过单一的版权授权方式，可能因对作品或市场判断失误而导致改编的失败，且难以实现版权价值的最大化。因此，专业的 IP 孵化公司能够集合出版、影视、新媒体等多领域的专业人才，依据作品内容和题材的独特性制定具体的运营方案。这些公司不仅能评估作品是否适合改编，还能制定具体的改编方向，调整人物形象，确定适合的影视公司，并选择恰当的导演、主演与编剧等，这一系列影视化改造的初步方案由 IP 孵化公司完成。与部分出版社直接售卖图书 IP 版权不同，专业的 IP 孵化公司能将原材料打造成半成品，大大提高了产品转化的成功率。

IP 孵化公司作为推动 IP 产业发展的重要力量，其建设和运营需要精细的规划和策略。一是明确定位与目标，确认孵化的 IP 是出版、动漫、游戏、影视还是音乐，目标市场是国内还是国际，需要实现的商业目标有哪些。二是组建一支专业的团队，招聘具有丰富经验和专业知识的人才，包括 IP 运营、版权管理、市场营销、商务拓展等多个领域。团队成员之间需要有良好的协作能力和创新精神，以应对 IP 孵化过程中的各种挑战。三是建立合作网络，IP 孵化公司需要与各类机构和公司建立广泛的合作关系，包括版权机构、创作团队、投资机构、发行公司等。这些合作关系有利于企业获取优质的 IP 资源，提供资金支持，增强市场推广能力等。四是制定科学的孵化流程，IP 孵化流程包括 IP 筛选、评估、包装、推广、运营等多个环节，每个环节都需要明确的标准和流程，以确保 IP 孵化的效率和质量。

三、布局全产业链 IP 运营

在打造 IP 的过程中，出版企业应具备前瞻性与全局观，积极参与 IP 全产业链的开发。项目启动前，企业需要对产业链上游、中游和下游的各个环节进行提前布局和规划，以确保各环节的有序衔接与高效配合。在运营期间，这些环节应保持紧密合作，形成相互支撑和协同发展的效果。业内与学界普遍认同，仅依靠版权的交易和授权难以形成完整的 IP 运营体系。因此，出版企业必须在各个环节之间建立有效的衔接机制，通过全面布局产业链，实现 IP 价值的最大化。这一过程中，精准规划与协调各个环节的协作，才能确保 IP 从内容创造到市场推广的无缝对接。

另外，IP 影视剧与 IP 游戏通常在 IP 内容完成后才逐步推出。然而，考虑到粉丝的期待，出版企业应适时调整产业链上游、中游和下游的时序，合理安排不同产品形态的发布，以持续满足市场需求。具体而言，图书出版、影视剧改编、周边产品及衍生品应具有计划性地同步推出，通过各产品之间的互动与相互推动，提升整体 IP 的市场影响力。这种跨领域、多维度的产品推广不仅能有效增强 IP 的市场认知度，还能实现各环节之间的利益共享，进而最大化 IP 的商业效益。通过这种精细化的策略安排，出版企业能够优化资源配置，提高

IP 的长期竞争力与市场价值。

当前，IP 开发已实现多个产业领域的协同布局，形成包括图书、影视、游戏、动漫、衍生品等在内的完整产业链。这种多元化的产业链架构为出版业的持续发展提供了新的契机。首先，出版社凭借其内容创作的深度优势，可与影视行业建立紧密合作关系，参与影视项目的前期题材选择、改编、创作以及后期影像制作与宣传发行。这一过程不仅促使出版和影视两大产业的深度融合，还使出版方能够融入全产业链，争取更多的市场话语权。其次，在出版产业链的构建中，图书内容的生产始终是核心业务，然而，出版社还可进一步开发与出版及影视相关的衍生产品，例如 IP 主题书吧、IP 玩偶、IP 体验馆以及各种类型的 IP 纪念品等。基于 IP 的全产业链开发为出版产业注入了新的活力。例如，中国少年儿童新闻出版总社开发的"红袋鼠家族"IP 资源，不仅涵盖图书和动画片，还衍生出智能语音玩具、点读笔、文具及日用商品等，并在商场建设了"红袋鼠家园体验角"，进一步拓展了 IP 的市场影响力。[1]

第三节　深化合作意识

一、开展"三跨"运营

出版内容的多元增值依赖于 IP 的延展性，而这一特性使得出版

---

[1]　黄媛媛：《出版行业 IP 开发的审美考量与产业构建》，《今传媒》2019 年第 12 期。

企业具备实施跨媒介、跨行业、跨区域运营的潜力。IP 在不同媒介形态和市场领域中的可持续开发能力，为出版企业构建多层次价值链、实现内容资源的多次开发与持续变现提供了坚实基础。首先，对新兴数字技术加以活用，由过去单一的纸质产品媒介形式向多元化媒介拓展，依托多样化传播媒介，将文字、图像及音视频等多种形式的信息有效整合与传递，不仅能够满足受众在阅读与视听体验上的多元需求，同时也为内容提供者带来了更广泛的增值收益空间。其次，在掌控 IP 资源的基础上，进行文学、小说作品人物、情节的深度挖掘，在原有出版、发行的业务基础上完成企业内部的二次创业，并且向周边相关产业拓展，如动漫、影视、网游等，出版企业通过拓展跨行业协作，实现多元产业的协同发展，从而有效提升整体营收能力并增强市场抗风险性。以青岛出版社为例，其于 2016 年 1 月与音频平台喜马拉雅达成战略合作，依托各自的核心优势资源，在健康、美食、生活、少儿读物及亲子阅读等领域探索融合路径。青岛出版社主要负责相关图书内容的编辑与出版工作，并将其加工为适合音频传播的内容形式，最终在喜马拉雅 FM 上线。双方合作共建以"美食电台"与"少儿图书电台"为名的互联网音频频道，标志着出版内容向数字音频领域的有效延伸。[1] 再次，以本土市场为依托，积极拓展海外业务版图，成为推动中国文化"走出去"的关键路径之一。通过跨越语言与文化的界限，使富有东方审美与文化底蕴的中国文学作品在全球范围内实现传播与共享，进一步促进内容形态的多元发展与叙事视野的全球化建构，增强中国文学在国际文化交流

---

[1]　黄平平：《IP 出版经营现状及创新策略分析》，《出版广角》2016 年第 11 期。

中的话语权与影响力，如采取与外企合作，运用联合投资，协同制作等方式实现。

跨区域运营可为出版企业带来更广阔的市场空间和发展潜力。通过拓展到不同的地理区域，出版企业可以触及更多的读者群体，并根据不同地区的文化和消费习惯，定制内容和产品，增强市场竞争力。例如，出版企业可以在全球范围内发行畅销书籍，同时进行本地化翻译和推广，满足不同语言和文化背景下的读者需求。此外，跨区域合作还可以引入国际先进的出版技术手段与管理模式，优化出版流程、提升运营效能。通过"三跨"运营，出版企业不仅能够实现内容的多次增值，还可以在激烈的市场竞争中占据有利地位，推动行业的持续发展与创新。如上海译文出版社的企鹅布纹经典系列IP，通过跨媒体运营，书籍不仅以传统纸质形式出版，还采用高端装帧工艺，利用定制原料和高难度烫印工艺，使其在视觉上具有极强的辨识度，增强了品牌的市场吸引力。此外在跨行业运营方面，企鹅图书与上海译文出版社合作品牌间的资源共享和市场拓展，进一步挖掘了经典文学IP的价值，为未来的影视、动漫等周边产业布局谋篇。跨区域运营通过国际合作和本地化定制，成功地将这套经典名著推向全球市场，同时满足了本地市场的需求，提升了市场的整体竞争力。这种多维度的"三跨"运营策略不仅实现了IP内容的多次增值，也大大增强了品牌的全球影响力。

二、推进内容合作

不同的出版社拥有各自积累的经验和专业领域，为充分发挥不同出版企业的优势，实现优质 IP 资源的共享，出版企业不仅需要明确自身的市场定位，还要主动学习并借鉴其他单位在 IP 开发方面的成功经验。此外，企业应积极响应行业发展趋势，深化与教育机构、图书馆及科研单位等内容生产与服务组织之间的协同合作，以推动资源整合与价值共创，实现内容传播效能的提升，共同建设和优化资源共享平台，如搭建集成化的数据库系统，以实现信息和资源的高效流通。这种合作不仅能够提高内容的利用效率，还能促进知识的传播和创新，推动数字出版产业的全面发展。在多方合作网络中，各方优势得以充分发挥，从而实现更广泛和有效的内容合作与资源共享，提升整个行业的竞争力和服务水平。例如，华东师范大学出版社入驻中新宽维数字港・临港文化出海基地，合作的战略框架以"优秀出版作品及衍生品的海外运营与传播"为核心目标，旨在扩大中国出版行业的国际影响力。该合作重点在于通过有效的 IP 开发，推动优秀出版作品及其衍生品的海外运营与传播，合作框架涵盖了从 IP 孵化、发行、制作到技术支持的多维度、多形式合作。通过共同建设上海融合出版海外新媒体传播运营平台，此举不仅优化了内容的制作和传播流程，还整合了传统媒体与新媒体资源，从而提升中国出版内容在国际市场上的影响力，增强中国文化的全球传播效果。

三、深化资本合作

曾几何时，影视公司用低廉的价格将出版业辛苦积累下来的内容资源买走；如今，拥有优质内容资源的图书策划机构不仅主导了 IP 产业上游，也在通过布局下游构筑全产业链。2016 年，在完成内部生态体系构建后，磨铁图书通过引入战略资本，开始拓展其外部生态布局。其中，合一集团成为除创始团队之外的最大股东，持股比例超过27%。此次资本合作不仅标志着磨铁图书在外部生态链延展方面迈出的关键一步，也体现了优质内容生产方与视频平台之间的深度融合。同时，这种合作形式还连接线上与线下资源，实现内容传播路径的多维整合，进一步拓展平台触达与用户运营的广度与深度。

出版企业与互联网企业、影视生产商等深入合作，与资本市场有效对接，搭建IP产业链通常有收购和合作两种形式，收购实现自营一体化，合作有利运营轻资产，各有利弊，出版机构应根据自身情况，开拓进取。中文传媒作为江西出版集团旗下的上市公司，早在2014年便以26.6亿元收购了网络游戏企业智明星通，从而为其数字出版业务开辟了全新的增长路径。该项并购不仅显著提升了集团的营业收入结构，更将游戏这一新兴媒介确立为IP运营的重要载体。值得关注的是，游戏业务本身涵盖了故事创作、动画开发、虚拟现实及人工智能等多个与传统出版高度关联且亟需融合转型的领域，这一"传统出版＋网络游戏"的融合模式推动了出版理念与业务能力的双重跃升。进入2023年，中文传媒继续深化融合战略，于5月宣布其下属的二十一世纪出版社已建成"二十一世纪少儿动漫影视产业孵化平台"，依托《大中华寻宝记》等融合出版项目，致力于打造集阅读推广与视频内容传播于一体的少儿IP生态系统。[1]

---

［1］　于正凯：《地方出版社数字出版的IP路径》，《新闻传播》2023年第15期。

第四节　创新营销方式

一、把握营销时机

　　IP 的先发优势在于营销。对于出版机构而言，提升 IP 的运营能力相较于单纯的 IP 资源积累更具战略价值。热门 IP 通常伴随着高度集中的公众关注度，蕴藏着巨大的流量潜能。出版机构应善于借助其在影视媒体与社交平台上的传播效应，结合热点事件开展精准营销，并据此及时开发契合受众情感与消费预期的延展性文化产品，以持续激发和满足粉丝群体的多元需求。IP 运营的有效开展需以纸质出版与数字媒介为基础平台，通过构建具有文学价值的原生 IP，逐步积累读者群体，实现内容的传播与粉丝的培育。在 IP 孵化阶段，需依据热度动态适时推出相关系列产品，实现内容价值的层层叠加与多维联动。在此路径中，骅威集团实施的《雪鹰领主》"IP 共育计划"构成了具有参考意义的实践案例。该项目自文本上线伊始，便系统性地规划了各类产品线之间的协同推进节奏：在原作点击量显著上升之际，同步启动同名漫画连载与网络版漫画发布；当百度搜索指数达到高峰时，进一步推出页游与网游，并启动影视化筹备进程。其后，通过打通小说、漫画、游戏与影视等多元衍生内容所依托的高黏性网络社区，促使书迷、动漫爱好者、游戏用户与剧集观众形成强关联的社群聚合效应，从而构建多层次的互动场域。[1] 在此基础上，读者与作者、作品之间建立了高频互动平台，使粉丝能够表达其对 IP 内容

---

[1]　黄媛媛：《出版行业 IP 开发的审美考量与产业构建》，《今传媒》2019 年第 12 期。

的兴趣与预期，内容方亦可据此在维持艺术风格统一的前提下优化开发方向，回应用户需求。同时，平台通过大数据技术记录并分析粉丝的阅读偏好和参与行为，为 IP 产品的迭代升级及策略调整提供数据支持与决策依据。

二、大数据精准营销

IP 衍生作品通常涵盖电影、动漫、游戏、综艺节目等多种形式，这些作品在不同媒介平台上的传播方式必须经过精心设计和精准分析。首先，出版企业可以通过大数据技术获取客户的个人特征、偏好媒介形式及与作品相关的行为轨迹，从而实现对不同消费者群体的动态行为精准描绘。这使得企业能够根据客户需求，针对性地推送广告并优化内容分发策略。其次，借助大数据分析，出版企业能够监控和整合 IP 运营过程中各类媒介产品的传播数据，促进不同媒介形式间的粉丝互动与转化。例如，在《择天记》的版权运营中，运营商通过对不同媒介用户信息和偏好的深入分析，开展有针对性的跨媒介互动，推动图书与手游的粉丝群体相互交织。[1] 通过精准广告推送，小说、游戏、电影与电视剧的跨媒介联动得以实现，从而促进各类粉丝群体的有效转化与扩展。

精准营销不仅提升了 IP 衍生作品的市场覆盖率，还增强了用户对 IP 的整体黏性和忠诚度。通过大数据技术，版权运营商可以精确

---

[1] 资武成、方卿：《基于大数据的出版企业 IP 运营策略研究》，《科技与出版》2017 年第 5 期。

定位各类用户群体，制定有针对性的推广策略，实现不同媒介平台上的无缝对接。例如，IP 运营商可以利用社交媒体平台进行实时互动，利用视频平台发布预告片和幕后花絮，通过电商平台销售周边产品，甚至在游戏直播平台与玩家进行互动，以全方位、多渠道的形式提升 IP 的知名度和影响力。同时，通过数据分析，各平台可以实现内容推荐的精准化，提高用户的参与度和满意度，形成一个以 IP 为核心的生态系统。在该生态系统中，不同媒介的粉丝群体相互交融，共同推动 IP 的持续发展和增值，实现 IP 衍生作品的价值最大化。

三、打造全媒体营销矩阵

在拥有优质 IP 内容后，出版企业需要通过多种媒体渠道进行推广，以最大化激发 IP 的价值。在全媒体时代，出版机构不仅依赖于书店、书展、订货会等传统媒体营销，还需要积极利用数字化媒体营销手段，包括名家推广、短视频推广、直播种草、社群营销等。例如，在微信朋友圈全员合力宣传新书，或在淘宝、京东等电商平台进行直播宣传重点图书，出版企业可以结合自身领域的优势，借助社会化媒体平台，进行有针对性的营销推广，增强品牌影响力，提升 IP 价值。

以"小猪佩奇"系列图书为例，2016 年，安徽少年儿童出版社借助《小猪佩奇》动画片在央视热播契机，实施了一系列精准的营销策略。首先，出版社与微信公众号大 V "妈咪 OK""妈妈在一起""文怡家常菜"等合作，进行软文推广。这些公众号拥有大量的家长和儿童用户，通过他们的影响力，软文能够迅速扩散，吸引目标受众的关注。其次，出版社通过官方微信群、QQ 群等即时通信工具，及时传递与动画相关的配套图书信息。这种多元化的营销手段不仅覆盖了广泛的受众群体，还通过不同的媒介形式增强了互动性和参与感。

出版企业应充分利用全媒体时代的各种数字化营销手段，结合自身优势，借助社会化媒体平台，进行精准而有针对性的营销推广，进一步提升 IP 内容的市场价值和品牌影响力。这不仅能够扩大受众覆盖面，还能增强用户黏性，推动 IP 内容的持续发展和增值。

第五节　加强版权保护

一、建立和完善政策法规

主管部门在推动出版业 IP 资源转化方面起着至关重要的作用。相关部门应通过加强政策法规的制定与市场监管，积极推动建设有利于 IP 化经营的制度环境，从而为这一领域的发展提供更为坚实的基础保障。这不仅包括制定和完善相关的法律法规，保护知识产权，打击侵权行为，还包括通过各种政策措施，鼓励和支持出版机构进行 IP 化经营，提升自身的 IP 保护能力。

IP 出版作为文化产业中的新兴领域，当前相关法律对其版权侵权行为的界定尚显模糊，且由于违规成本较低，导致盗版现象普遍，进而引发大量版权纠纷。目前，我国出版行业正在依托行业力量推动版权保护，同时出版机构也在通过多种途径提升自身的 IP 保护能力。

随着传媒市场的不断发展，部分侵权者会逐渐被市场淘汰。然而，相较于发达国家已经完善的知识产权保护法律体系及市场机制，我国在多个方面仍存在明显差距。要解决这些问题，除了出版行业和机构的自身努力外，主管部门还需从宏观层面进行系统设计，进一步加强法制建设[1][2]，制定和完善相关的法律法规，保护知识产权，对版权纠纷中的维权、侵权等行为作出明确的规定，并适当地加大对侵权行为的惩罚力度和赔偿额度，使行业做到有法可依、执法必严。同时，他们还需要引导市场机制进一步完善，通过市场竞争，促进出版行业的健康发展。[3] 只有这样，才能在全社会形成尊重知识、保护知识产权的良好氛围，为我国出版业 IP 资源的转化提供一个良好的环境。

二、优化版权保护模式

版权的保护和管理直接关系到出版企业的生存和发展，针对 IP 资源转化过程中面临的版权困扰，出版企业不仅要强化版权意识，保护好自身版权，也要做到尊重他人的知识产权。版权保护不是一个单纯的法律问题，也不是一个保护措施越周密越好的技术问题[4]，它需要兼顾公平与效率，关注用户价值，只有采用合适的版权保护模式才

---

［1］　资武成、方卿：《基于大数据的出版企业 IP 运营策略研究》，《科技与出版》2017 年第5 期。

［2］　刘峰：《出版机构 IP 化经营：媒体融合背景下的创新策略探析》，《出版发行研究》2015 年第 9 期。

［3］　梁菁：《基于 IP 产业链的出版立体开发路径与方法》，《传播与版权》2016 年第 10 期。

［4］　马瑞洁、戚德祥：《产业生态视阈下出版知识服务版权保护机制探究》，《科技与出版》2023 年第 4 期。

能使版权资源在转化中既有灵活性又能增值。

从尊重创作者权益的角度出发，出版企业应确保版权的确权与授权工作得到有效实施。以知识服务为例，传统的知识服务平台往往绕过作者，直接从出版机构批量获取授权，而出版机构则通过发布"数据库收录声明"以及"投稿即同意"的方式获取作者的信息网络传播权。然而，著作权集体管理制度才是解决这一问题的合理途径。具有较高信誉度和广泛会员覆盖的著作权集体管理组织，不仅能够增强作者的话语权，减少其维权成本，还有助于平台型出版机构在版权确权与授权工作中的规模化运作。[1]

出版知识服务的商业模式通常要求平台对作品进行深度加工和整合，以满足用户的定制化需求。例如，文字作品可能被改编为富媒体形式，或通过切割和碎化将其转化为知识元，进一步提取作品元素用于 IP 开发等。在这种背景下，著作财产权、人身权以及其他知识产权形式，如商标权和专利权等，都需要在整体框架下加以考虑。出版企业若依托其掌握的大量内容、流量和技术资源，在版权运营谈判中对创作者权益进行过度压缩，可能导致知识服务版权利益的失衡。例如，作者可能面临下载自己作品仍需付费，或在 IP 成功后无法使用其作品中的人物进行新创作等不公平现象。若出版企业能够在版权战略中注重用户思维，他们将认识到，尽管通过压缩创作者权益短期内可获得丰厚收益，但长远来看，创作者的不满情绪会不断积累并最终引发冲突。若发生诸如"五五断更节"之类的事件，出版企业不仅可

---

[1]　马瑞洁、戚德祥：《产业生态视阈下出版知识服务版权保护机制探究》，《科技与出版》2023 年第 4 期。

能面临作者流失的风险，还会遭遇社会舆论对其垄断行为的强烈批评，从而损害品牌形象。

三、应用大数据技术监测盗版

出版企业的 IP 运营具有高投入和收益不确定性大的特点。盗版和侵权行为在图书出版、动漫影视、衍生品开发等领域普遍存在，进一步增加了 IP 内容运营的风险。在大数据时代，版权运营商可以通过构建基于云计算的版权知识数据库和版权监控大数据平台，有效应对这些挑战。

版权知识数据库能够汇集和存储海量的版权相关信息，包括版权登记、授权记录、合同细节、法律法规等。这些数据为版权运营提供了坚实的基础，使得版权管理更加系统化和规范化。版权监控大数据平台的建设使版权运营商能够利用大数据技术对 IP 衍生作品的开发和运营进行实时监控。在 IP 业态拓展的审批过程中，平台通过数据对比与分析，能够有效识别潜在的侵权风险及市场冲突，从而确保IP 扩展过程中既符合法律规定，又保持其独特性与创新性。

在 IP 衍生作品的运营过程中，版权监控大数据平台可以实时监控用户交易行为，通过数据分析和模式识别，快速发现并杜绝盗版产品和"山寨产品"的开发和营销。例如，当平台检测到异常的销售数据或用户反馈时，可以发出警报并启动相应的调查和处理程序，有效保护 IP 的合法权益。此外，大数据技术还可以帮助版权运营商优化IP 的市场策略。通过分析用户的消费行为和偏好，运营商可以更精准地制定营销计划，提升 IP 内容的市场竞争力和用户满意度。

　　利用大数据技术构建版权知识数据库和版权监控大数据平台，不仅可以有效防范和打击盗版和侵权行为，降低 IP 运营的风险，还可以优化 IP 内容的开发和运营流程，提高版权管理的效率和精确性，最终实现出版 IP 价值的最大化。

参考文献

1. "Annual Report and Accounts 2021", https://plc.pearson.com/sites/pearson-corp/files/pearson/our-company/Governance/governance-downloads/pearson-annual-report-2021.pdf.

2. "Augmented Reality for Publishers", https://invisible.toys/augmented-reality-for-publishers.

3. "ChatGPT Launches Boom in AI-Written E-Books on Amazon", https://money.usnews.com/investing/news/articles/2023-02-21/chatgpt-launches-boom-in-ai-written-e-books-on-amazon, Feb.21, 2023.

4. "ChatGPT Reaches 100 Million Users Two Months After Launch", https://www.theguardian.com/technology/2023/feb/02/chatgpt-100-million-users-open-ai-fastest-growingapp, Feb.2, 2023.

5. "Directory of Open Access Journals-DOAJ", https://doaj.org/.

6. "Microsoft AI Records 5000 Audiobooks for Project Gutenberg", https://thenewstack.io/microsoft-ai-records-5000-audiobooks-for-project-gutenberg, Oct.15, 2023.

7. "Not Even NYT Bestsellers are Safe from AI Cover Art", https://www.theverge.com/2023/5/15/23724102/sarah-j-maas-ai-generated-book-cover-bloomsbury-house-of-earth-and-blood, May.16, 2023.

8. "Storytelling in the Age of Artificial Intelligence", https://

annenberg.usc.edu/research/center-public-relations/usc-annenberg-relevance-report/storytelling-age-artificial, Feb.18, 2020.

9. "Virtual Tour and Museum Highlights", https://www.waltdisney.org/virtual-tour.

10. Agnes Grudniewicz, David Moher, Kelly D. Cobey, et al., "Predatory Journals: No Definition, No Defence", *Nature*, Vol.576, No.7786, 2019, pp.210—212.

11. Cabells Scholarly Analytics, "The Cabells Predatory Journal Blacklist: Criteria for Determination", 2022.

12. David Bordwell, *The Way Hollywood Tells It: Story and Style in Modern Movie*, Berkeley: University of California Press, 2006, pp.98—99.

13. Directory of Open Access Journals, "About DOAJ", https://www.doaj.org.

14. Geoffrey Long, "Transmedia Storytelling：Business，Aesthetics and Production at the Jim Henson Company", *ResearchGate*, 2009, pp.9—20.

15. J. E. Stiglitz, "The Contributions of the Economics of Information to Twentieth Century Economics", *The Quarterly Journal of Economics*, Vol.115, No.4, 2000, pp.1441—1478.

16. J. Xu, Z. Wang, W. Tang, "Who Published in Chinese Predatory Journals? A Study on the Authorship of Blacklist Journals", I Conference 2020 Proceedings, 2020.

17. Josh Howarth, "11 Top Publishing Trends(2024)", https://

explodingtopics.com/blog/publishing-trends, Jun.3, 2024.

18. K. Siler, P. Vincent-Lamarre, C. R. Sugimoto, V. Larivière, "Predatory Publishers＇Latest Scam: Bootlegged and Rebranded Papers", *Nature*, Vol.598, No.7882, 2021, pp.563—565.

19. Phil Hurst, "Predatory Journals: How to Avoid Being Prey?", Royal Society Publishing Blog, Sept.7, 2022.

20. Statista, "Leading Media Companies Worldwide in 2022, By Revenue", https://www.statista.com/statistics/272469/largest-media-companies-worldwide/#statisticContainer.

21. Statista, "Number of TikTok Users Worldwide from 2018 to 2027", https://www.statista.com/forecasts/1142687/tiktok-users-worldwide.

22.《Nature：全球掠夺性期刊已超过 15500 种》，载"科学文字社"微信公众号，2022 年 4 月 6 日。

23.《2020 年度中国网络文学发展报告》，2021 年 3 月 18 日。

24.《2020—2022 年文学改编影视作品蓝皮书》，载中国作家网，2023 年 6 月 6 日。

25.《2021 年度国际出版趋势报告·法国／意大利分报告》，《中国出版传媒商报》2022 年 11 月 24 日。

26.《5 万份数字藏品上线秒罄！人文社文创推出正子公也三国系列动态版画》，载中国出版传媒网，2022 年 5 月 11 日。

27.《国际四大出版市场 5 年寻变》，《中国出版传媒商报》2021 年 4 月 6 日。

28.《培生高等教育资源汇总》，载"培生教育"微信公众号，

2021 年 3 月 18 日。

29.《全国少儿社社长年会召开，"十四五"童书出版有哪些新机会？》，载搜狐网，2020 年 11 月 12 日。

30.《上海人民出版社：高质量出版工作服务国家战略》，载易文网，2021 年 2 月 5 日。

31.《上海印刷集团：数实融合，全面开花》，载"印业独家"微信公众号，2023 年 8 月 21 日。

32.《阅文集团深度解析：借力升维 IP 宇宙，网文龙头顺水切入版权蓝海》，载爱企查，2021 年 10 月 23 日。

33.《专业出版社在数字经济大潮中突围路径探析》，上观新闻2022 年 7 月 25 日。

34. 北京开卷信息技术有限公司：《2022 年图书零售市场年度报告》，2023 年 1 月 6 日。

35. 蔡雨含：《出版社发展出版物文创策略研究——以人民文学出版社为例》，南昌大学硕士学位论文，2023 年。

36. 曾一果、杜紫薇：《数字媒介时代网络文学 IP 改编的再思考》，《中国编辑》2021 年第 6 期。

37. 陈洁、吴申伦：《社群参与式的网络文学版权构建模式构想与运营实践》，《出版发行研究》2019 年第 10 期。

38. 陈桃珍、沈阔、董娟娟：《基于 IP 化运营的数字化出版营销策略》，《长沙大学学报》2019 年第 6 期。

39. 陈维超：《数字出版产业 IP 化运营的核心逻辑和创新策略》，《出版发行研究》2017 年第 4 期。

40. 陈兴会：《知识付费视域下我国专业图书出版知识服务的发

展策略》，郑州大学硕士学位论文，2021年。

41. 董璐:《哈利·波特：从文学到电影》，《电影文学》2017年第21期。

42. 杜都、赖雪梅:《移动互联网时代动漫的多元化出版模式分析》，《出版广角》2018年第9期。

43. 段诗韵:《美英德数字出版产业的政策机制及其借鉴意义》，中南大学博士学位论文，2014年。

44. 方卿、张新新:《出版业高质量发展目标之创新发展——以新质生产力推动出版业高质量发展》，《编辑之友》2024年第2期。

45. 伽马数据:《2021—2022移动游戏IP市场发展报告》，2022年8月19日。

46. 伽马数据:《2022—2023移动游戏IP市场发展报告》，2023年。

47. 高海涛:《我国书号管理制度：功能、效果及反思》，《编辑之友》2021年第7期。

48. 高红岩:《美国电影企业的市场发行模式分析》,《当代电影》2006年第6期。

49. 顾青:《媒体融合背景下学术期刊的"数字化"转型发展——上海大学期刊社的实践与探索》，《传媒》2022年第10期。

50. 韩升、毕腾亚:《基于文明交流互鉴的人类共同价值观阐释》，《贵州社会科学》2020年第6期。

51. 郝婷、黄先蓉:《德国数字出版法律制度的现状与趋势》，《出版科学》2013年第1期。

52. 何宇轩:《中国传统文化元素在电子游戏产业中的融合研

究》，中南大学硕士学位论文，2023年。

53. 胡晓、董小玉：《媒介生态学视域下中国儿童动漫问题研究——以〈熊出没〉与〈托马斯和他的朋友们〉为例》，《新闻界》2014年第6期。

54. 黄平平：《IP出版经营现状及创新策略分析》，《出版广角》2016年第11期。

55. 黄先蓉、冯博：《英国数字出版法律制度的现状与趋势》，《出版科学》2013年第1期。

56. 黄先蓉、黄媛、赵礼寿：《中外出版政策比较研究》，《出版科学》2011年第2期。

57. 姬越蓉：《中国传统文学出版IP研究》，南京大学硕士学位论文，2018年。

58. 雷逸慧：《跨媒介叙事视角下国产游戏IP运营策略研究——以〈阴阳师〉为例》，华中科技大学硕士学位论文，2021年。

59. 李盖虎、董娟娟：《基于IP运营的出版融合转型策略》，《中国出版》2021年第8期。

60. 李海燕：《德国施普林格出版集团的数字化发展历程》，《内蒙古财经大学学报》2018年第6期。

61. 李宁：《好莱坞电影产业模式的发展嬗变（2009—2019）》，《当代电影》2020年第4期。

62. 李燕：《基于媒介融合的教育出版商业模式创新研究》，华东师范大学硕士学位论文，2022年。

63. 练小川：《2021：美国大众出版兴奋的一年》，《出版人》2022年第1期。

64. 练小川：《亚马逊与美国出版业》，《出版参考》2022 年第 10 期。

65. 刘大年：《当代西方出版产业政策：变迁与趋势》，《现代出版》2015 年第 4 期。

66. 刘峰：《出版机构 IP 化经营：媒体融合背景下的创新策略探析》，《出版发行研究》2015 年第 9 期。

67. 刘娟、付晓静：《减法思维：有声读物平台 Audible 的营利策略及其启示》，《科技与出版》2022 年第 10 期。

68. 刘丽娜、杨敬、孔令超：《"三联中读"知识服务对图书馆阅读推广的启示》，《图书馆学刊》2023 年第 1 期。

69. 刘智星：《以"IP 再造"为核心的动漫出版模式分析——以腾讯动漫为例》，《新闻传播》2022 年第 2 期。

70. 吕春燕：《图书维持转售价格的反垄断法规制研究》，首都经济贸易大学博士学位论文，2016 年。

71. 潘彧：《新媒体语境下电影发行模式流变探究》，《中华文化论坛》2011 年第 3 期。

72. 漆美玲：《社群经济下的知识付费现状及发展趋势研究》，《新闻知识》2019 年第 6 期。

73. 上海市书刊发行行业协会：《上海图书销售行业文创市场现状及发展前景研究调研报告（2021）》，2021 年。

74. 石蕊：《泛 IP 时代出版企业资源重组与产业链重构研究》，《现代出版》2016 年第 2 期。

75. 史芳芳：《小说〈哈利·波特〉的电影改编艺术》，《名作欣赏》2015 年第 6 期。

76. 世界知识产权组织（WIPO）：《2022 年的全球出版业（*The Global Publishing Industry in 2022*）》。

77. 宋朝丽：《跨界融合背景下出版文创的产业布局思考》，《出版广角》2017 年第 22 期。

78. 谭洋：《在线内容分享服务提供商的一般过滤义务——基于〈欧盟数字化单一市场版权指令〉》，《知识产权》2019 年第 6 期。

79. 汪全胜、张晓晓：《论我国开放获取学术期刊作者付费模式的创新路径》，《编辑之友》2022 年第 6 期。

80. 王健、崔璨：《以用户为中心，构建教育出版生态圈——以华东师范大学出版社教育出版融合发展为例》，《出版广角》2022 年第 23 期。

81. 吴昉：《融合视域下出版文创产业品牌 IP 价值实现与路径探析》，《出版广角》2022 年第 3 期。

82. 谢征、贺子璇：《文博 IP 出版的实践与问题》，《出版参考》2021 年第 10 期。

83. 熊静怡：《新媒体背景下国产动漫 IP 的传播策略研究》，《新闻传播科学》2023 年第 4 期。

84. 徐丽芳、王心雨、张慧：《国外教育出版数字化发展对我国的启示——以培生集团为例》，《出版广角》2019 年第 1 期。

85. 许盛：《数字化赋能动漫出版高质量发展思考》，《中国出版》2022 年第 16 期。

86. 闫伊默、梁晓晓：《出版深度融合发展"IP 化"路径》，《编辑学刊》2023 年第 3 期。

87. 杨瑞：《中信出版集团 IP 化经营策略研究》，华东师范大学硕士学位论文，2023年。

88. 杨霞、王爱红：《5G时代我国动漫出版价值链重构与升级的机理和路径》，《文化产业研究》2022年第1期。

89. 姚小菲：《"脱欧"后英国出版业的国际竞争力》，《青年记者》2020年第27期。

90. 易图强、汪俊洁：《数字出版选题策划的战略方向选择》，《新媒体研究》2021年第6期。

91. 易晓艳、欧勤扬：《基于新媒介技术的美国有声书产业发展分析》，《出版广角》2019年第6期。

92. 尹琨：《施普林格·自然集团以人工智能驱动学术出版创新》，《中国新闻出版广电报》2023年10月23日。

93. 于正凯：《地方出版社数字出版的IP路径》，《新闻传播》2023年第15期。

94. 余苗、吴雨晴：《IP有声书跨媒介叙事策略研究——基于大众审美转变视角》，《中国出版》2022年第23期。

95. 袁小群、黄国英：《开放与掠夺：掠夺性期刊的比较特征、产生缘由与应对策略》，《出版广角》2022年第16期。

96. 张晴：《2020年美国出版业发展报告》，《印刷文化（中英文）》2022年第2期。

97. 张昭：《数字出版背景下电子书平台运营模式及发展趋势探究》，《中国编辑》2022年第5期。

98. 甄云霞：《2016—2020年英国出版业发展情况分析》，《印刷文化（中英文）》2022年第4期。

99. 中国文化报：《"全面数字化"解锁艺术的共享时代》，载央视网，2021 年 4 月 17 日。

100. 朱逸伦：《融媒体时代我国动漫出版特征新变及启示》，《出版广角》2018 年第 18 期。

101. 邹军、荆高宏：《"掠夺性期刊"的伦理问题及治理：基于"利益相关方框架"的思考》，《现代传播（中国传媒大学学报）》2021 年第 9 期。

后　记

　　书籍是人类文明的结晶，出版是社会进步的阶梯。在习近平文化思想的指引下，加快建成中国特色社会主义出版强国，建设书香社会，为文化强国夯实基础、铸牢底座，推动中国自主知识体系的建构和国际化传播，实现中华民族的伟大复兴，是一代又一代出版人的理想和追求，也是建设中国式现代化的现实抓手。作为一个曾经的出版人，辗转回到高校任教后，从创办编辑出版学本科专业到出版硕士、出版博士专业学位的申办，从事出版学科专业建设和人才培养工作，一晃也已经二十多年了，对这个行业和学科的体会和情感，已非一篇后记所可表达。

　　出版是一个特别需要情怀和坚守的领域，不管是行业还是学界。在这个新技术加速迭代、知识几何级倍增——甚至何谓知识也已经要重新定义、阅读生态数智化升级的时代，在优质内容生产和传播的路上，我们出版人梦想的一路繁花，究竟要如何才能实现？这是非常现实的灵魂拷问，需要我们与时俱进的探索和实践来回答。

　　上海是近现代中国出版业的发祥地，自晚清以来一直是中国的出版重镇。今天，上海仍然是具有雄厚基础和国际影响力的出版中心。新中国成立以来，几代出版人始终坚守理想，践行初心，在筚路蓝缕中勇毅前行，奠基立业，在我国出版史上书写了浓墨重彩的华章。从改革开放到人工智能时代，在当代上海都市特质形成的过程中，包容大气、勇于探索和创新的上海出版业都发挥了极其重要的作用。当前，新技术不断更新迭代，整个出版行业正面临着重大变革，包括大数据技术、人工智能技术、区块链技术等在内的新技术应用不断催生出版新业态和新模式，整个内容产业的生态格局正在悄然重建。现代出版业亟须应时而变，站在时代和国际前沿，积极拥抱新技术，加快数智化迭代和转型的步伐，全面提升优质内容的生产和传播效能。

为了搭建高水平出版产学研用融合发展平台，为政府主管部门优化决策和行业发展提出趋向性预警和革新性建议，并最终推动出版业的成功转型和高质量发展，2020 年 7 月 18 日，在中共上海市委宣传部（上海市新闻出版局）的指导和支持下，华东师范大学整合相关院系专业力量，成立上海出版研究院，本人担任研究院院长，统筹推进相关研究工作。研究院致力于整合国内外政产学研用资源，梳理总结成功经验，直面产业新问题、新挑战，积极回应主管部门和出版企业的关切，分析研判未来出版业的发展趋势，大力推动国内外出版行业的互动与交流，以海派出版文化为基础，致力于打造面向新时代的新型出版智库。2022 年起，华东师范大学上海出版研究院从全国近 160 家申报机构中脱颖而出，成为国家新闻出版署首批出版智库高质量建设计划重点支持机构之一，并且连续三年入选，殊为不易，也责任重大。一直以来，研究院都在根据建设目标和计划，针对行业变化和专家们的研究特点，密切跟踪国内国际前沿，调研新时代出版业发展的前沿和热点问题，为行业发展资政建言，为出版业高质量发展出谋划策，确实产出了一批高质量的智库成果。

本书成果来源于 2023 年度国家新闻出版署委托上海出版研究院调研的系列智库项目。近年系列成果中，研究院朱琳副教授主持完成的《古籍整理与出版人才建设现状调研报告》在 2024 年度全国出版智库成果交流会上作了重点展示和交流，得到与会领导和专家的好评。按照工作分工，肖洋副教授和于文副教授则分别负责《出版 IP 资源转化情况分析报告》和《国际出版业动态趋势跟踪研究报告》，华东师大传播（出版）学院的研究生杨楠、周海萍、许子珩、余晴、刘惠凤、张翼、间筱天、张子怡、唐诗泉等同学参与本课题的相关工作。研究院将这两个报告整合在一起，糅合相关调研成果，并被纳入上海市哲学社会科学规划办公室"上海智库报告文库"，感谢评审组专家们的抬爱和不吝指导，本书得以和诸位见面。

上海市委宣传部、上海市哲学社会科学规划办公室的同志和师友对本书提出了很好的指导性意见，研究院季桂保教授和邓香莲教授为全书的最后完善做了大量工作，项目组成员根据专家意见对全书内容作了适当的增补和调整。由于时间关系，有些数据来不及更新，书稿尚有遗憾和不足之处，但作为研究院团队第一部正式出版的成果，也算是一种鞭策和鼓励。我们会一如既往发扬严谨务实的作风，密切跟踪行业发展动态，进一步加强产教研学融合，协同育人，为建设出版强国而继续努力。

值此《数智出版：国际前沿与上海实践探索》付梓之际，要特别感谢一直给予研究院关心和支持的各级主管部门、行业同道，尤其是上海市委宣传部领导和同志们的指导和帮助。感谢上海人民出版社和本书的责任编辑郭敬文老师，他们的专业和敬业精神令人敬佩。

谢谢大家！

雷启立

2025 年 4 月

图书在版编目(CIP)数据

数智出版：国际前沿与上海实践探索 / 雷启立等著.
上海：上海人民出版社，2025. -- ISBN 978-7-208
-19295-9

Ⅰ. G239.2

中国国家版本馆 CIP 数据核字第 20244CH095 号

责任编辑　郭敬文
封面设计　汪　昊

数智出版:国际前沿与上海实践探索
雷启立　等著

出　　版　上海人民出版社
　　　　　　（201101　上海市闵行区号景路 159 弄 C 座）
发　　行　上海人民出版社发行中心
印　　刷　上海中华印刷有限公司
开　　本　787×1092　1/16
印　　张　16
插　　页　3
字　　数　181,000
版　　次　2025 年 6 月第 1 版
印　　次　2025 年 6 月第 1 次印刷
ISBN 978 - 7 - 208 - 19295 - 9/G · 2203
定　　价　72.00 元